WUNDERKAMMER STIFTSBIBLIOTHEK

Umschlag
Anonym, Putto, mit Pinseln, Farbpalette, Zeichenstiften, Modellkopf, Zeichenrolle und Buch, um 1770, Holz, farbig gefasst. Die rechte Hälfte des Puttos wurde gereinigt. Links ist die Patina sichtbar. Barocksaal der Stiftsbibliothek, bei Regal L.

WUNDERKAMMER STIFTSBIBLIOTHEK
SCHÖNES UND KURIOSES GESTERN UND HEUTE

TEIL 1
DIE WUNDERKAMMER IM MODERNEN MUSEUM

Winterausstellung
25. November 2025 bis 19. April 2026

Herausgegeben von
Cornel Dora und Ulrike Ganz

Verlag am Klosterhof, St. Gallen
Schwabe Verlag, Basel
2025

Gestaltung und Satz
TGG Visuelle Kommunikation, St. Gallen

Druck und Ausrüstung
Cavelti AG, Gossau

Bestelladressen
Stiftsbibliothek St. Gallen
Klosterhof 6d
9000 St. Gallen / Schweiz
stibi@stibi.ch
www.stiftsbibliothek.ch

Schwabe Verlag
www.schwabe.ch
Schweiz:
Buchzentrum AG
Industriestr. Ost 10
6414 Hägendorf/Schweiz
kundendienst@buchzentrum.ch
Deutschland, Österreich, übrige Länder:
Brockhaus Kommissionsgeschäft GmbH
Postfach
70803 Kornwestheim/Deutschland
info@brocom.de

St. Gallen: Verlag am Klosterhof, 2025
ISBN 978-3-905906-61-5

Basel: Schwabe Verlag,
Schwabe Verlagsgruppe AG, 2025
ISBN 978-3-7965-5343-1

683
Albinus a.u.c.
C. Julius Cæsar A. U. C.

Neben Büchern verschiedenster Art befinden sich in der Stiftsbibliothek St.Gallen seit der Barockzeit auch allerhand Objekte aus aller Welt, sogenannte Raritäten oder Kuriositäten. Diese besondere Sammlung steht in der Tradition der sogenannten «Wunderkammern», die seit dem 16. Jahrhundert in Fürstenhäusern und Städten entstanden sind und oft mit einer Bibliothek verbunden waren. Auch «Kuriositäten-» oder «Raritätenkabinette» genannt, gelten die Wunderkammern in verschiedener Hinsicht als Vorläufer der modernen Museen, die sich seit der zweiten Hälfte des 18. Jahrhunderts in den europäischen Städten konzeptionell daraus entwickelt haben.[1]

Viele Wunderkammern wurden im Zug dieser Entwicklung im 19. Jahrhundert reorganisiert und ihre Raritäten als Grundbestand in diese neuen Museen eingebracht. Das geschah in St.Gallen nicht anders – ein Beispiel ist das ägyptische Krokodil, das 1623 die städtische Naturaliensammlung der Stadtbibliothek begründet hatte und zusammen mit dieser 1846 ins städtische Naturmuseum gelangte.[2]

Unsere Winterausstellung 2025/26 befasst sich mit der klösterlichen Wunderkammer der Stiftsbibliothek. In den letzten Jahrzehnten wurde sie mithilfe grundlegender Arbeiten von Karl Schmuki und Ulrike Ganz wieder verstärkt als Einheit sichtbar gemacht. Im Vergleich mit anderen Orten ist der Raritätenbestand der Stiftsbibliothek zwar umfangmässig nicht besonders gross und nach der Klosterauflösung gab es grosse Verluste. Trotzdem enthält unsere Wunderkammer einige herausragende Stücke, an denen sich die Natur und das Spektrum dieser Einrichtungen aufzeigen lässt.

Der Raritätenbestand ist ein wesentlicher und unentbehrlicher Bestandteil der einzigartigen Sammlung der Stiftsbibliothek, welche exemplarisch die Entwicklung einer Bibliothek seit über tausend Jahren aufzeigt. Von gotischen Gemälden über die Münzsammlung bis hin zur *Ostindischen Sammlung* von Georg Franz Müller zeigen sie die inhaltliche und materielle Vielfalt, die mit den Wunderkammern in die Bibliotheken kam. Die Objekte regen an zum Diskutieren über die verschiedenen Formen des Sammelns und zur Reflexion über die Wissensräume, in denen wir uns bewegen.

Dieses Nachdenken bildet den Leitfaden unserer Präsentation und unseres Katalogs. Und zwar von zwei verschiedenen Seiten: Einerseits soll die Geschichte der Wunderkammern in Erinnerung gerufen werden. Dazu gehören neben den Objekten selbst auch die ideellen Konzepte, die ihnen zugrunde lagen. Deren systematische und didaktische Qualität sind beeindruckend. Andrerseits sollen Fragestellungen aufgezeigt werden, mit denen die Museen heute auf diese Objekte schauen. Wie sie sie klassifizieren, problematisieren und vermitteln. So wird das Gestern mit dem Heute verbunden. Diese beiden verschiedenen Zugänge werden in diesem Katalog auch ganz konkret umgesetzt, indem der Museumsteil vom einen und der Wunderkammerteil vom andern Ende her gelesen wird.

Es bleibt mir zu danken: In erster Linie Ulrike Ganz. Sie hat das inspirierende Konzept zur Ausstellung entwickelt, dieses mit Inhalt gefüllt, den grössten Teil des Katalogs mit zahlreichen interessanten Objektbeschreibungen verfasst und diesen Band mit herausgegeben. Weiter danke ich den anderen Beitragenden Eva Dietrich, Silvio Frigg, Philipp Lenz, Ruth Wiederkehr und Benedikt Zäch. Zahlreiche wertvolle Hinweise hat Karl Schmuki beigesteuert, zur Mumie Schepenese ausserdem Renate Siegmann und zum Nortpert-Olifanten Heidi Amrein.

Die aufgelockerte Gestaltung der Ausstellungspräsentation mit kleinen Schaukästen in den Bibliotheksregalen basiert auf einer Idee von Silvio Frigg und Ulrike Ganz. Elena Kaeser hat für den Katalog neue künstlerische Objektfotografien erstellt – ein Versuch, der zeigt, dass auch auf diesem Gebiet buchstäblich andere Blickwinkel möglich sind. Weitere Fotografien hat Christa Schaffert beigesteuert. Roland Stieger vom Atelier TGG hat wie immer den Katalog gestaltet und die Cavelti Druck AG in Gossau den Druck besorgt. Ich danke Christina Siever für das Korrektorat sowie Alix Beil, Christine O'Neill und Antonella Piazza, die die Ausstellungstexte übersetzt haben. Der Schwabe Verlag hat die Publikation zusammen mit unserem hauseigenen Verlag am Klosterhof in sein Programm aufgenommen.

Ich danke dem gesamten Team der Stiftsbibliothek für die schöne Zusammenarbeit. Dazu zählen auch die Vermittlerinnen und Vermittler unter Leitung von Elke Larcher und Eva Dietrich, die Aufsichten sowie die Shop-Mitarbeitenden. Sie alle engagieren sich Tag für Tag in unserer Bibliothek, unserem wissenschaftlichen Betrieb und im Museum.

Das Bundesamt für Kultur, der Kanton St. Gallen/Swisslos sowie die Stadt St. Gallen unterstützen die Stiftsbibliothek mit jährlichen Beiträgen, für die wir uns ebenso bedanken wie beim Freundeskreis der Stiftsbibliothek für die immer wieder unbürokratisch gewährte Projektunterstützung. Der grösste Dank geht aber an die Katholikinnen und Katholiken des Kantons St. Gallen, denen die Stiftsbibliothek gehört und die sie ideell und mit ihren Kirchensteuern tragen.

Cornel Dora, Stiftsbibliothekar
St. Gallen, im November 2025

CORNEL DORA

SCHÖNES UND KURIOSES IM MODERNEN MUSEUM

Obwohl unsere Welt ganz in der Gegenwart lebt, liebt sie die Museen. Die Statistiken belegen, dass sie noch nie so zahlreich waren wie heute.[3] Überhaupt ist das Vergangene in unserer Wissensgesellschaft allenthalben präsent. Wenn wir etwas verstehen wollen, gilt es zu Recht als selbstverständlich, dass wir die historische Dimension kennen müssen. Kontroversen um historische Deutungen machen dabei freilich immer wieder deutlich, dass Geschichtsbilder sich verändern können, weil sie Ausdruck von Wertsystemen sind. Diese müssen gelegentlich auf ihre Relevanz hin be- und hinterfragt werden.

Museen, historische allemal, stehen in Partnerschaft mit der Geschichtsschreibung. Während diese analysiert und interpretiert, ist der museale Ansatz stärker emotional, anschaulich und oft sogar etwas nostalgisch, indem er Geschichte über die Dinge vorführt und persönliche Erinnerungsräume öffnet.[4] Beides, der anschauliche Ansatz der Museen und der erzählende und interpretierende Ansatz der Geschichtsschreibung, ist gleichermassen essenziell für eine lebendige Gedächtniskultur.

Der Philosoph Hermann Lübbe hat die heutige Wertschätzung für die Museen als Kompensation gedeutet. Weil in unserem Erleben die Zeit immer schneller vergeht und wir mit immer mehr Veränderung konfrontiert sind – Lübbe verwendet dafür den Begriff der «Gegenwartsschrumpfung» –, suchen wir nicht ohne Wehmut Halt im Vergangenen.[5] Mit der einen Hand zeigen wir zunehmend unsicher voraus in die Zukunft, während wir die andere Orientierung suchend nach der Vergangenheit ausstrecken.

Dabei spielt, wie Lübbe vermerkt, auch das «Klassische» eine Rolle.[6] Das sind kulturelle Epochen, die wir als besonders stimmig und schön empfinden. Wir begreifen sie als Referenz und versuchen, Allgemeingültiges von ihnen abzuleiten. Durch Erzählungen in Schulen und Universitäten werden sie dann als Vorbilder vermittelt, an denen wir uns orientieren können.

Eine klassische Epoche in diesem Sinn ist das «Goldene Zeitalter» des Klosters St. Gallen vom 8. bis 11. Jahrhundert. Es bildet das Zentrum des hiesigen Weltkultur- und Weltdokumentenerbes und wird in der Stiftsbibliothek als ihrem Hauptzeugen mit musealen Techniken an ein breites Publikum aus aller Welt vermittelt. Dabei übernehmen die wertvollen Handschriften die Rolle von Museumsobjekten, und der einzigartig schöne barocke Bibliothekssaal wird zum Museumsraum. Museale Präsentationen sind seit dem Ende des 19. Jahrhunderts Teil der Vermittlungsarbeit der Stiftsbibliothek St. Gallen, die dadurch in moderner Zeit zu einem der führenden historischen Museen der Schweiz geworden ist.

In unserer Bibliothek ist aber nicht nur die aktuelle Museumskultur präsent, sondern auch die Museumsgeschichte, die bis ins 16. Jahrhundert zurückführt, als es den Typ des modernen Museums noch nicht gab. Damals entstand in der Stiftsbibliothek nämlich eine kleine sogenannte «Wunderkammer». Diese Wunderkammern, auch Kunstkammern, Kuriositäten- oder Raritätenkabinette genannt, gelten als direkte Vorläufer der modernen Museen.[7] Mit ihren Sammlungen schufen sie Grundlagen, auf denen sich die moderne Wissenschaft entwickeln konnte. Diesen Zusammenhang der Sammlungen mit der Wissenschaft hat Adalbert Stifter, der seine Ausbildung im Kloster Kremsmünster gemacht hatte, wo sich in der Sternwarte eine naturkundliche Sammlung befand, in seinem Roman *Der Nachsommer* dargestellt:

> Das Sammeln geht der Wissenschaft immer voraus; das ist nicht merkwürdig; denn das Sammeln muss ja vor der Wissenschaft sein; aber das ist merkwürdig, dass der Drang des Sammelns in die Geister kömmt, wenn eine Wissenschaft erscheinen soll, wenn sie auch noch nicht wissen, was diese Wissenschaft enthalten wird. Es geht gleichsam der Reiz der Ahnung in die Herzen, wozu etwas da sein könne, und wozu es Gott bestellt haben möge. Aber selbst ohne diesen Reiz hat das Sammeln etwas sehr Einnehmendes.[8]

Die Wurzeln der Museen werden oft bis zu den Tontafelarchiven der Sumerer zurückgeführt, die als planmässige Sammlungen seit dem 4. Jahrtausend vor Christus belegt sind. Seit dem 2. Jahrtausend vor Christus enthielten sie zunehmend mythologische und kultische Texte – die ursprünglichen Archive dienten damit zunehmend einer breiteren Öffentlichkeit und entwickelten sich so in Richtung Bibliotheken.[9] Einen Meilenstein auf diesem Weg bildete das griechisch geprägte Museion von Alexandrien, ein Musentempel, in dem Gelehrte auf staatliche Kosten ihre Studien betrieben. Mit dem Museion war auch die berühmte Bibliothek von Alexandrien verbunden, in der zehntausende oder gar hunderttausende Papyrusrollen aufbewahrt wurden.[10]

In Alexandrien konzentrierte sich das Sammeln noch auf Schriftrollen. Der Siegeszug des gebundenen Buchs, des sogenannten Codex, begann dann ab dem späten ersten Jahrhundert und war mit der Bibel verbunden, die meist als Buch und selten als Rolle überliefert wurde. Nur wenige Objekte wurden daneben langfristig gelagert. Wenn, dann waren es meist heilige Geräte und Reliquien in den Kirchen und Kapellen und den angegliederten Sakristeien.

In St. Gallen hatte Abt Hartmut († nach 905, Abt 872–883) bereits im 9. Jahrhundert den nach ihm benannten, dreifach gemauerten Hartmut-Turm erbaut, in dem zunächst der Kirchenschatz – später als «Heiltum» bezeichnet – aufbewahrt wurde. Spätestens im 10. Jahrhundert wurde auch die Bibliothek dort untergebracht.[11]

Museal interessant ist die Tatsache, dass das Heiltum später in den östlich vom Hartmut-Turm gelegenen Glockenturm verschoben wurde und ein Teil davon, insbesondere das wertvolle Salomons-Kreuz, dort durch ein Fenster für die Bevölkerung sichtbar war.[12]

Eine zur Anschauung eingerichtete Sammlung nicht von Büchern oder Gegenständen, sondern von Lebewesen, ist aus der Zeit des St. Galler Abts Notker (971–975) bezeugt. Der Klosterchronist Ekkehart IV. berichtet, dass dieser einen Speicher «für Wild und ungezähmte Tiere, für Geflügel und zahme Vögel» einrichtete, einen Wildpark *avant la lettre* also, der einige Ähnlichkeit mit einem heutigen Zoo aufwies.[13]

Ins Zeitalter der Wunderkammern trat St. Gallen ab 1553 mit der Aufnahme von Raritäten in die Bibliothek von Fürstabt Diethelm Blarer ein. Dazu sei in dieser Publikation auf den Beitrag von Ulrike Ganz (vgl. Teil 2, S. 7–10) verwiesen.

Das moderne Museum ist ein Kind des 18. Jahrhunderts. In dieser Zeit setzte der Trend ein, das Museumswesen als öffentliche Aufgabe zu etablieren. Das zeigt die Eröffnung des British Museums 1753 und des Louvre 1793 als grosse staatliche Einrichtungen.[14] Daneben kam es zu einer Ausdifferenzierung in verschiedene Museumstypen, darunter Kunstmuseen, Naturmuseen, Historische Museen, Designmuseen oder Heimatmuseen.[15]

Heute verändert sich der Museumsbegriff insofern, als sich Museen zunehmend als Ort des gesellschaftlichen Diskurses verstehen. Das zeigt die neue Definition, welche die Generalversammlung des internationalen Museumsverband ICOM nach kontroverser Diskussion im Jahr 2022 beschlossen hat:

> Ein Museum ist eine nicht gewinnorientierte, dauerhafte Institution im Dienst der Gesellschaft, die materielles und immaterielles Erbe erforscht, sammelt, bewahrt, interpretiert und ausstellt. Öffentlich zugänglich, barrierefrei und inklusiv, fördern Museen Diversität und Nachhaltigkeit. Sie arbeiten und kommunizieren ethisch, professionell und partizipativ mit Communities (sic). Museen ermöglichen vielfältige Erfahrungen hinsichtlich Bildung, Freude, Reflexion und Wissensaustausch.[16]

Gegenüber der Vorgängerdefinition von 2007[17] betont die neue Fassung die Themen Diversität, Inklusivität sowie die Nachhaltigkeit und zudem den emotionalen Wert der Freude. Nach dieser Umschreibung sehen sich die Museen heute weniger bewahrend als früher, und wollen sich an öffentlichen Diskussionen beteiligen. Darin liegen Chancen zur Erhöhung der Sichtbarkeit, Kritikerinnen und Kritiker sehen aber auch die Gefahr der politischen Vereinnahmung.[18] Ausserdem steht die Entwicklung in einem inneren

Widerspruch zum oben angeführten Museumsbegriff von Hermann Lübbe, für den die Museen der Gesellschaft in erster Linie Halt geben (vgl. oben, S. 11).

Wie auch immer man zu den Entwicklungen des Museumsbegriffs steht, die konkrete Museumsarbeit hat sich seit den Wunderkammern stark verändert. Im folgenden ersten Teil der Ausstellung zeigen wir anhand von Wunderkammer-Objekten und Handschriften eine Reihe von Methoden und Prozessen, mit denen Museen und Bibliotheken heute an die Objekte in ihren Beständen herangehen. Dazu gehören moderne Sammlungskonzepte, die Untersuchung von Provenienzfragen, der Einsatz naturwissenschaftlicher Methoden bei der Konservierung und der fachlichen Bearbeitung, der Umgang mit Fälschungen oder auch der Prozess von Unterschutzstellungen.

Der Barocksaal der Stiftsbibliothek vor Museumsöffnung mit geschlossenen Vitrinen.

VISUM EST SPIRITUI
SANCTO ET NOBIS.

ULRIKE GANZ

ANKÄUFE UND AUFTRÄGE I

Die Sondersammlungen der Stiftsbibliothek St.Gallen gehen überwiegend auf die klösterliche Epoche zurück und bilden heute ein abgeschlossenes Ganzes. Sie dokumentieren historische Sammelpraktiken. Als gewachsene Konvolute besitzen sie musealen Charakter und veranschaulichen, wie in der Abtei Wissen, Objekte und Kunst systematisch zusammengetragen wurden. In diesem Sinn versteht sich die Bibliothek heute primär als Hüterin und Vermittlerin des überlieferten Schatzes.

Gleichwohl verfolgt sie eine sorgfältig definierte Ankaufspolitik. Nach Massgabe des Sammlungskonzepts wird versucht, Objekte zurückzugewinnen, die im Zug der Aufhebung des Klosters 1805 in andere Hände gelangten. So konnten in jüngster Zeit Einblattdrucke aus der Sammlung des Mönchs Gallus Kemli (1417–1481) zurückerworben werden, die sich von 1481 bis 1930 in St.Gallen befunden hatten. Sie stellen wichtige Zeugnisse einer frühen klösterlichen Sammeltätigkeit dar. Daneben erwirbt die Bibliothek gezielt Kunstwerke mit Bezug zur Fürstabtei und führt damit das historische Prinzip einer repräsentativen Ausstattung fort. In Kontinuität mit der Barockzeit werden bis heute auch zeitgenössische Künstler mit Aufträgen betraut.

Über Kunstankäufe in der Barockzeit geben zwei erhaltene Erwerbungsverzeichnisse Auskunft.[19] Besonders detailliert ist das Inventar aus den Jahren 1780 bis 1792, das die Anschaffung von 18 Gemälden und 54 Kupferstichen dokumentiert.[20] Die Verzeichnisse werden durch Rechnungen, Tagebücher der Fürstäbte sowie Briefzeugnisse reisender Mönche ergänzt. Zwar lag der Schwerpunkt der Ankaufspolitik eindeutig auf Büchern – häufig brachten Mönche von Studienreisen nach Paris oder Rom stapelweise Neuerscheinungen in die Abtei –, doch fanden auch gezielte Kunstkäufe statt. Ein frühes Beispiel liefert Jodocus Metzler (1574–1639), der 1602 in Rom das Gemälde der heiligen Cäcilia erwarb.[21]

Die bedeutendste antiquarische Akquisition erfolgte mit dem St.Galler Globus während des Abbatiats von Bernhard Müller (Abt 1594–1630).[22] Ursprünglich für Herzog Johann VII. von Mecklenburg (1558–1592) gefertigt, gelangte er über den Kunsthandel nach St.Gallen. Das Original befindet sich heute im Schweizerischen Landesmuseum. Schliesslich ist auch die Münzsammlung hervorzuheben, die unter Fürstabt Joseph von Rudolphi (1717–1740) angelegt wurde. [23]

So ergibt sich das Bild einer Sammlungsgeschichte, die von der klösterlichen Sammelpraxis über barocke Repräsentationsstrategien bis in die Gegenwart reicht. Die Stiftsbibliothek setzt diese Tradition fort, indem sie historische Bestände bewahrt, verlorene Objekte rückführt und zugleich neue Bezüge zur eigenen Geschichte stiftet.

SAMMLUNG DER WAPPENSCHEIBEN

Die Fenster im Flur der Stiftsbibliothek sind mit einer Reihe bunter Wappenscheiben geschmückt. Sie wurden in der zweiten Hälfte des 20. Jahrhunderts angekauft,[24] weil sie einen inhaltlichen Bezug zur Fürstabtei St. Gallen aufweisen. Ein solcher «Klosterbezug» ist gemäss Sammlungskonzept der Stiftsbibliothek[25] Bedingung für den Erwerb eines Kunstgegenstands. Keines der Glasbilder stammt aus dem Altbestand des Klosters, auch wenn die dargestellten Heiligen, Wappen und Inschriften auf die Fürstabtei hinweisen. Es handelt sich vielmehr um Stiftungen, die die St. Galler Fürstäbte und Konventualen an andere Klöster, Kirchen oder weltliche Institutionen tätigten. Solche Fensterschenkungen waren gängige Praxis in der Schweiz der Frühen Neuzeit. Damit bezeugten die Donatoren ihre Verbundenheit mit der beschenkten Institution und zeigten dort sichtbar ihre politische Macht. Umgekehrt konnte die beschenkte Institution auf diese Weise ihr Beziehungsnetz darstellen. Die Kabinettscheiben sind also gleichsam «Denkmale der Freundschaft».[26] Als Folge der Säkularisierung von Kirchen und Klöstern gelangten viele Glasbilder auf den im 19. Jahrhundert stark wachsenden Kunstmarkt. Als begehrte Sammlerstücke wurden sie oft kopiert oder im «alten Stil» neu geschaffen. Manchmal wurden auch Teile verschiedener beschädigter Glasbilder zu neuen sogenannten «Kompositscheiben» zusammengesetzt. Dabei konnte es zu Stilbrüchen, aber auch zu inhaltlichen Unstimmigkeiten kommen, etwa wenn die Inschrift und die dargestellten Heiligen nicht zusammenpassen, oder die Komposition merkwürdig gedehnt oder zusammengedrückt wirkt. Letzteres ist etwa bei der Kabinettscheibe mit der Darstellung des heiligen Benedikt (Inv. Nr. 135) der Fall, deren Bestandteile zwischen 1550 und 1630 entstanden. Hingegen ist die um 1560 von dem bekannten Schweizer Glasmaler Andreas Hör (1530–1575) signierte Wappenscheibe (Inv. Nr. 190) vollständig erhalten. Es handelt sich dem Wappen und der Inschrift zufolge um eine Stiftung von Fürstabt Diethelm Blarer.

Niklaus Wirt (um 1565–1584)
1573
Blei verzinnt; Glas, Schwarzlotlasuren, Silbergelb, Schmelzfarben
St. Gallen, Stiftsbibliothek
Inv. Nr. 132

Der Konventuale Johannes Ruostaler gab bei dem Wiler Glasmaler Niklaus Wirt eine Figurenscheibe in Auftrag, die die Krönung Mariens und Heilige zeigt (darunter Gallus). Den Vers dichtete Ruostaler selbst.

Gallus
S. Othmar
S. Barbar
DA PIE CHRISTE,
PIÆ PIETATIS AMATOR
AMANDE, TE SEMPER
TIMEAM, TE QVOQZ
SEMPER AMEM

BLICK AUF BÜCHER UND PUTTEN

Toni Caviezel (1961–2024)
2015
Öl/Leinwand
St. Gallen, Stiftsbibliothek
Inv. Nr. 2056

Das Bild zeigt einen Ausschnitt des Regals M im Barocksaal der Stiftsbibliothek. Es war eine Auftragsarbeit an den Künstler Toni Caviezel.

Die Stiftsbibliothek erwirbt nicht nur historische Werke, sondern ergänzt ihre Sammlung bisweilen auch durch Arbeiten zeitgenössischer Kunstschaffender oder durch gezielte Auftragsvergaben. So gelangte 2003 das Gemälde *Barocksaal* des Wiener Malers Günther Fritsch in den Besitz der Bibliothek. Im Jahr 2015 folgte der Erwerb des Ölbildes *Blick auf Bücher und Putten im Barocksaal* des 2024 verstorbenen Appenzeller Künstlers Toni Caviezel, der seine Arbeit unten rechts mit dem Akronym «Caton» signierte.

Das farbintensive Werk zeigt den oberen Abschluss eines Bibliotheksschranks im Barocksaal. Drei leuchtend blau hinterlegte Tablare mit Buchrücken in Gelb, Weiss und Rot sind von der Architektur des Schrankes wie von einem prunkvollen Bilderrahmen umgeben: Goldgrundige Figurennischen mit kleinen Statuetten flankieren das Regal. Sie ruhen auf Volutenkapitellen, die das profilierte und geschweifte Gebälk tragen. In seiner Mitte hängt wie ein kostbar in Gold eingefasstes Medaillon die Kartusche mit dem Buchstaben «M».

Obwohl die architektonischen Elemente erkennbar sind, verzichtet Caviezel bewusst auf eine exakte Wiedergabe: Die kräftigen, nicht der Realität entsprechenden Farben lassen ein heiter rhythmisiertes, fast gestreift wirkendes Bild entstehen, das in pastoser Malweise leuchtet. Mit den kleinen Figuren in den Nischen spielt der Künstler auf die Putten an, die im Barocksaal tatsächlich vorhanden sind. Der Bibliotheksschrank aus der Werkstatt Gabriel Losers bleibt in seiner Grundstruktur erkennbar und ist zugleich malerisch transformiert.

M.
Caton2015

DAS KONZIL VON CHALCEDON ALS ENTWURF

Die vier monumentalen Deckenbilder im Barocksaal der Stiftsbibliothek St. Gallen zählen zu den eindrucksvollsten spätbarocken Bildprogrammen der Schweiz. Joseph Wannenmacher (1722–1780) führte sie 1763 im Auftrag Fürstabts Cölestin I. Gugger von Staudach (Fürstabt 1740–1767) aus.[27] Von flammendem Stuck gerahmt, veranschaulichen sie die massgeblichen Konzilien von Nicäa (325), Konstantinopel (381), Ephesus (431) und Chalcedon (451).

2021 gelang der Bibliothek mithilfe des Freundeskreises der Stiftsbibliothek der Erwerb des Ölentwurfs zum *Konzil von Chalcedon*.[28] Das Werk, das sich bislang in Privatbesitz befand, ist eine eigenständige Tafelkomposition von hoher künstlerischer Qualität. Ihr Detailreichtum übertrifft die endgültige Deckenfassung. Der Entwurf dürfte als Präsentationsvorlage für den Auftraggeber fungiert haben, zugleich jedoch als autonomes Kunstwerk geschätzt worden sein.

Die Bildanlage folgt den Prinzipien der barocken Deckenmalerei mit Perspektive aus der Untersicht und raumöffnender Architektur. Wannenmacher situierte die Versammlung in einem monumentalen Kirchenchor mit Kuppelansatz und Arkadenumgang. Zentraler Bezugspunkt ist der Altar, vor dem die heilige Euphemia mit Palmzweig und Schriftrolle aufgebahrt liegt. Um die Märtyrerin gruppieren sich die Konzilsväter und gestikulieren in leidenschaftlicher Debatte.

Über dem irdischen Geschehen öffnet sich die himmlische Sphäre: Goldenes Licht durchbricht die Architektur, auf Wolken erscheinen Maria mit dem Christuskind, darüber Gottvater und Engel. Die Komposition verbindet historische Ereignishaftigkeit mit transzendenter Legitimation und reflektiert so die theologisch-didaktische Funktion des Bildprogramms.

Im Vergleich zur Ausführung im Barocksaal zeigen sich signifikante Abweichungen. Der im Entwurf dargestellte Rokokostuck an Arkaden und Fensterrahmungen wurde in der Endfassung reduziert; auch einzelne architektonische Durchgänge variieren. Diese Differenzen bestätigen die Funktion des Tafelbildes als Arbeits- und Präsentationsgrundlage im Entstehungsprozess.

Das Gemälde ist von hohem wissenschaftlichem Wert: Es erweitert die Bildquellen zur Ausstattungsgeschichte des Barocksaals. Vergleichbare Ölentwürfe Wannenmachers zu den Deckenbildern *Konzil von Ephesus* und *Konzil von Konstantinopel* befinden sich in der Alten Pinakothek in München[29] und zum *Konzil von Nicäa* im Zeppelinmuseum Friedrichshafen.[30] Gemeinsam mit dem St. Galler Gemälde dokumentieren sie auf anschauliche Weise die künstlerische Konzeption eines der bedeutendsten barocken Bibliotheksräume Europas.

Josef Wannenmacher
(1722–1780)
vor 1763
Öl/Leinwand
St. Gallen, Stiftsbibliothek
Inv. Nr. 630

Der Entwurf für das Deckengemälde *Konzil von Chalcedon* ist detailreicher als die Ausführung. Er konnte 2021 im Kunsthandel angekauft werden.

ENTWURF FÜR EINEN HOCHALTAR IN DER KLOSTERKIRCHE

Gabriel Loser (1701–1785)
(zugeschrieben)
nach 1761
Feder, laviert,
teilkoloriert
St. Gallen, Stiftsbibliothek
Inv. Nr. 284

Der Altarentwurf ist keine Skizze, sondern ein zur Ausführung fertiger Plan mit Massstabsleiste. Während der Klosterzeit entstanden zwar mehrere Entwürfe für einen Hochaltar in der Klosterkirche, aber keiner wurde realisiert.

Am 19. November 1889 erhielt die Stiftsbibliothek St. Gallen von Stadtpfarrer Christian Bischoff aus Wil einen grossen Umschlag mit einem bemerkenswerten Inhalt: einer grossformatigen Federzeichnung, die einen Entwurf für den Hochaltar der Klosterkirche darstellt. Bischoff hatte sie zufällig in der Werkstatt eines Schreiners in Niederhelfenschwil entdeckt und dem damaligen Stiftsbibliothekar Johann Nepomuk Idtensohn (1827–1892) angeboten.[31]

Der Fund erwies sich als bedeutsam, da nur wenige Hochaltarentwürfe aus der Zeit der Fürstabtei überliefert sind. Keiner von ihnen wurde je realisiert.[32] Als das Kloster 1805 aufgehoben wurde, fehlte der Kirche nach wie vor das liturgische Zentrum. Erst 1810 erhielt das Gotteshaus, das nun als «katholische Hauptkirche des Kantons» diente, einen Hochaltar.[33] Der hier vorliegende Entwurf entstand rund vier Jahrzehnte zuvor und bezeugt das intensive Ringen um eine angemessene Lösung.

Die Zeichnung ist sehr detailliert und mit Lineal konstruiert. Massstabsleiste und Grundriss belegen, dass es sich nicht um eine flüchtige Skizze, sondern um einen ausgearbeiteten Plan handelt. Wahrscheinlich lag dem Entwurf bereits eine konkrete Rücksprache mit dem Fürstabt zugrunde. Die Komposition verbindet einen streng architektonischen Aufbau mit plastischem Figurenreichtum: Drei gestaffelte Vollsäulen auf hohen Sockeln rahmen ein rundbogiges, in die Apsis zurückgesetztes Altarbild. Sie tragen ein Gebälk mit Segmentbogengiebel, über dem sich ein hoher, textilartig wirkender Auszug mit seitlichen Voluten erhebt.

Der gestufte Unterbau des Altars trägt einen aedikulaförmigen Tabernakel. Im Auszug schwebt die Dreifaltigkeit über der Weltkugel, flankiert von den Apostelfürsten, die auf dem Gesims über dem Altarblatt lagern. Seitlich sitzen ein Bischof sowie die Heiligen Johannes der Evangelist und Johannes der Täufer. Im Hauptgeschoss stehen vier monumentale Mönchsfiguren. Die zeichnerische Virtuosität sowie die Verbindung von Architekturplan und ikonografischer Programmatik machen den Entwurf zu einem herausragenden Zeugnis barocker Planungskultur. Von wem das Blatt stammt, ist unsicher, zuletzt wurde es Gabriel Loser (1701–1785) zugewiesen,[34] der während der Bauzeit der Kirche tätig war. Da der Rohbau 1761 vollendet wurde, ist eine Entstehung des Entwurfs erst danach anzusetzen.

EIN GALLUS-ALTAR FÜR DIE KIRCHE ST. JAKOB UND ANDREAS IN STEINACH?

Gabriel Loser (1701–1785)
(zugeschrieben)
vor 1763
Bleistift, Tinte, Deckfarbe/Papier
St. Gallen, Stiftsbibliothek
Inv. Nr. 1023

Dieser Plan des Hochaltars wurde Ende des 19. Jahrhunderts in einer Schreinerwerkstat in Niederhelfenschwil aufgefunden und angekauft. Nicht realisierte Entwürfe waren oft weitergegeben worden und gelangten vielfach in die Werkstätten anderer Künstler.

Im grossen Umschlag, den Stadtpfarrer Christian Bischoff aus Wil 1889 in einer Schreinerei in Niederhelfenschwil entdeckte, befand sich auch der vorliegende Entwurf für den Hochaltar einer Landkirche, vermutlich für die Pfarrkirche St. Jakob und Andreas in Steinach.[35] Auch diese Zeichnung war für die Stiftsbibliothek von ausserordentlicher Bedeutung. Nur wenige Altarentwürfe aus der Zeit der Fürstabtei sind erhalten geblieben, und das Blatt gibt einen seltenen Einblick in die barocke Planungskultur des 18. Jahrhunderts.

Die Zeichnung zeigt den Aufriss eines Hochaltars mit Tabernakel, dessen streng architektonischer Aufbau durch plastische Details bereichert wird. Ein doppelt gestaffeltes Säulenretabel rahmt das Altarblatt, flankiert von korinthischen Viertelsäulen. Über dem gebogenen Gebälk erhebt sich ein von Voluten begleiteter Aufsatz, bekrönt von einer Attika mit Engelsfiguren. Sockelfiguren der Heiligen Gallus und Otmar verweisen auf die Provenienz aus dem Fürstenland, während eine Kartusche mit dem Wappen des Fürstabts Cölestin Gugger von Staudach den herrschaftlichen Anspruch unterstreicht. Massstabsleiste und Grundriss veranschaulichen, dass es sich nicht um eine Skizze, sondern um einen präzisen Plan handelt.

Die Zuschreibung des Entwurfs an Gabriel Loser wie schon beim Altarentwurf für St. Gallen liegt nahe: Der Klosterbruder war in den 1760er-Jahren massgeblich mit Ausstattungsentwürfen befasst und gilt als produktiver Zeichner und Planer. Auch wenn der Altarentwurf in einzelnen ikonografischen und baulichen Details von der Ausführung in Steinach abweicht und der Stil etwas nüchterner ist, als bei Loser üblich, spricht die zeichnerische Handschrift doch für ihn.

Mit dem Ankauf der beiden Blätter setzte die Stiftsbibliothek ihre historische Rolle als Bewahrerin klösterlicher Kunst fort. Die Wiederentdeckung der beiden Altarentwürfe zeigt eindrucksvoll, wie Objekte aus der Umgebung der Fürstabtei in lokale Werkstätten gelangten.

Heute gehören beide Zeichnungen zu den herausragenden Zeugnissen barocker Entwurfskunst im Bestand der Stiftsbibliothek. Sie dokumentieren nicht nur die planerische Präzision des 18. Jahrhunderts und die Suche nach geeigneten ikonografischen Programmen, sondern auch die wechselvolle Geschichte des Sammelns, Verlustes und Wiedererwerbs, die die Stiftsbibliothek bis heute begleitet.

DER HEILIGE GALLUS MIT DEM BÄREN

Anonym
Jonas Umbach (1624–1693)
(Künstler der Vorlage)
nach 1677
Holz, geschnitzt
St. Gallen, Stiftsbibliothek
Inv. Nr. 108

Ein unbekannter Bildschnitzer übersetzte einen Kupferstich von Jonas Umbach in ein Relief.

Gemäss ihrem Sammlungskonzept erwirbt die Stiftsbibliothek St. Gallen gezielt Objekte, die einen inneren oder äusseren Bezug zum Kloster und seiner Geschichte aufweisen.[36] In diesem Kontext konnte 2019 aus Schweizer Privatbesitz ein geschnitztes Holzrelief mit der Darstellung des heiligen Gallus erworben werden. Auch wenn die Herkunft aus dem Fürstenland nicht zweifelsfrei belegt ist, erscheint sie aufgrund der Thematik und Ikonografie plausibel.

Das flach gearbeitete, holzsichtige Relief zeigt Gallus im Vordergrund beim Füttern des legendären Bären. Ein breites Schriftband mit der Heiligenlegende legt sich über das untere Drittel der Bildfläche und verdeckt den Körper des wilden Tieres nahezu vollständig, als wäre es in ein Gehege gesperrt. Dadurch tritt die Hierarchie der Figuren klar hervor. Gezähmt durch die christliche Erzählung, reckt der Bär seinen Kopf dem Heiligen entgegen, um das ihm gereichte Brot zu empfangen. Die Komposition macht so die Differenz zwischen dem heiligen Gallus, der in der Darstellung als Abt erscheint, und dem wilden Tier deutlich.

Das Geschehen wird zusätzlich von himmlischen Zeugen begleitet: In der rechten oberen Ecke erscheinen auf einem Wolkensegment die Heiligen Nikolaus, Mauritius und Wiborada. Sie verleihen dem Wunder eine übernatürliche Legitimation. Im Hintergrund entfaltet sich die Vorgeschichte: Der aufgerichtete Bär schleppt wie ein Diener Holz, während Gallus seine Pilgertasche an einen Baumstamm hängt – ein Hinweis auf den Ort der künftigen Klostergründung.

Ikonografisch basiert das Relief auf einem Kupferstich nach Jonas Umbach (1624–1693) von Bartholomäus Kilian (1630–1696), der 1675 in Aegidius Ranbecks *Calendarium Benedictinum* veröffentlicht wurde und weite Verbreitung fand.[37] Der unbekannte Schnitzer übernahm die Grundstruktur, machte jedoch signifikante Veränderungen. So wendet der Bär im Hintergrund den Kopf in eine andere Richtung, Gallus erscheint ohne Bart, und das Werk wird durch einen dekorativen Rahmen mit Ranken, Kirschen und zwei Hunden bereichert.

Die Popularität des Motivs im St. Galler Umfeld lässt sich auch an einer Gouachemalerei auf Pergament belegen, die sich ebenfalls im Bestand der Bibliothek befindet und um 1720 entstanden ist.[38]

S.GALLUS. ABBAS. ORD. S. BENEDICTI
ALEMANNIÆ APOSTOLUS.
S.COLUMBANUM IN GERMANIAM SECUTUS, LACI
BRIGANTINI ACCOLAS À SUPERSTITIONE AD PARTES
JESU CHRISTI TRADUXIT, INDE SILVAM INGRESSUS
FERAS ETIAM CICURAVIT, ATQUE INVENTAM PRO

ULRIKE GANZ | EVA DIETRICH | CORNEL DORA | RUTH WIEDERKEHR

SCHENKUNGEN UND DAUERLEIHGABEN 2

Die Stiftsbibliothek St.Gallen kann sich bis heute immer wieder über bedeutende Schenkungen und Dauerleihgaben freuen. Ihre Annahme richtet sich nach den Leitlinien des Sammlungskonzepts. Vorrang haben Objekte mit unmittelbarem Bezug zur ehemaligen Fürstabtei St.Gallen. Bei kunst- und kulturhistorisch herausragenden Werken werden in begründeten Fällen Ausnahmen gemacht, insbesondere dann, wenn sie zur Veranschaulichung bestimmter historischer Sachverhalte in Ausstellungen dienen.

Von besonderer Bedeutung sind jene Gaben, die sich früher bereits in klösterlichem Besitz befanden und im Laufe der Zeit verloren gingen. Ein herausragendes Beispiel ist der spätgotische Einblattholzschnitt, den die Bibliothek 2016 als Dauerleihgabe von der Gottfried Keller-Stiftung erhielt (SGST Sammlung Kemli Nr. 2). Das Blatt lag rund 450 Jahre in der Stiftsbibliothek, ehe es 1930 veräussert wurde. Mit der Rückkehr des bedeutenden Zeugnisses der spätmittelalterlichen Druckgrafik konnte die Lücke im Bestand wieder geschlossen werden.

Die Tradition von Schenkungen reicht freilich bis in die Klosterzeit zurück. Zwischen 1680 und 1780 wurden solche Zuwendungen im *Monumentum gratitudinis dedicatum benefactoribus Bibliothecae* (Cod. Sang. 1280) verzeichnet. Diese Handschrift belegt die Provenienz zahlreicher Objekte und ermöglicht einen Einblick in den teilweise verlorenen barocken Sammlungsbestand. Auffällig ist, dass diese Schenkungen oftmals nicht im modernen Sinn freiwillig erfolgten, sondern mit Erwartungen und Gegenleistungen verknüpft waren. Dies entsprach den höfischen und barocken Repräsentationslogiken.

Darüber hinaus sind auch Fälle dokumentiert, in denen Schenkungen auf subtilen oder offenen Druck hin zustande kamen. Unter der Herrschaft des Fürstabts Joseph von Rudolphi (Fürstabt 1717–1740) war es üblich, dass weltliche Beamte und Pfarrherren für die Erlangung oder Bestätigung eines Amtes eine Sach- oder Geldspende an die Bibliothek entrichten mussten.[39] Dieser Brauch fand zwischen 1780 und 1792 eine erneute Intensivierung, wie das Akzessionsverzeichnis jener Jahre belegt (Cod. Sang. 1285).[40]

In der Zusammenschau ergibt sich ein vielschichtiges Bild: Schenkungen an die Stiftsbibliothek sind Ausdruck barocker Patronagekultur, ökonomischer Abhängigkeiten und religiöser Repräsentationsbedürfnisse. Ihre Dokumentation ermöglicht nicht nur die Rekonstruktion von Beständen, sondern wirft zugleich ein Schlaglicht auf die sozialen und politischen Netzwerke, in denen sich die Bibliothek als Institution bewegte. (Ulrike Ganz)

GEBURT CHRISTI UND ANBETUNG DER HIRTEN

Anonym
um 1470
Einblattholzschnitt, altkoloriert/Papier
Gottfried Keller-Stiftung (Dauerleihgabe)
St.Gallen, Stiftsbibliothek Sammlung Kemli Nr. 2, Inv. Nr. 309

Der qualitätvolle Einblattholzschnitt zeigt die Geburt Christi nach einer Vision der heiligen Birgitta von Schweden. 2016 konnte die Gottfried Keller-Stiftung das Blatt erwerben und als Leihgabe an die Stiftsbibliothek geben, wo es sich von 1481 bis 1930 befunden hatte.

Vor neun Jahren erhielt die Stiftsbibliothek St.Gallen durch die Gottfried Keller-Stiftung eine kostbare Dauerleihgabe: einen altkolorierten, oberrheinischen Einblattholzschnitt mit der Darstellung der Geburt Christi und Anbetung der Hirten. Von diesem Werk sind weltweit lediglich zwei weitere Exemplare bekannt.[41]

Im Schutz eines schlichten Unterstands kniet Maria und betet das Kind an, das nackt auf dem Boden liegt und von einer Engelsglorie umgeben ist.[42] Joseph sitzt auf einem Bänkchen. Im Hintergrund verkündet ein Engel die frohe Botschaft. Über allem thront Gottvater, der seinen Segen in Form von fünf langen Strahlen über das Geschehen ausgiesst.

Die Provenienz des Blattes verbindet es mit der Stiftsbibliothek. Es gehörte ursprünglich zur Sammlung wertvoller Einblattdrucke, die der Mönch Gallus Kemli (1417–1481) zusammengetragen und bisweilen in seine persönlichen Handschriften eingeklebt hatte.[43] Im Jahr 1824 beschloss Stiftsbibliothekar Ildefons von Arx (1755–1833), die Blätter aus diesen Ursprungskontexten zu nehmen und in einem Album zusammenzuführen.[44]

Dieses Album, später als «Sammlung Kemli» bezeichnet, wurde 1906 als Faksimile publiziert. Dadurch wissen wir, dass der Holzschnitt an zweiter Stelle im Album stand. Die Behörde der Stiftsbibliothek, der Administrationsrat des Katholischen Konfessionsteils, entschied sich aus Geldnot infolge der Weltwirtschaftskrise, die Albumblätter einzeln am 7. und 8. November 1930 bei Hollstein & Puppel in Berlin zu versteigern.

Die weiteren Stationen des Blatts im 20. Jahrhundert konnten in einer Provenienzrecherche nachgezeichnet werden. Sie ergab, dass während der Zeit des Nationalsozialismus keine problematischen Handwechsel stattfanden. 2016 schliesslich konnte die Gottfried Keller-Stiftung das Blatt erwerben und es als Dauerleihgabe an die Stiftsbibliothek zurückgeben. Damit befindet sich das Werk nun wieder an dem Ort, wo es 450 Jahre gewesen war. Es verbindet auf exemplarische Weise die Anfänge des illustrierten Buchdrucks mit der klösterlichen Sammeltradition und führt zugleich die wechselvolle Sammlungsgeschichte der Moderne vor Augen. (Ulrike Ganz)

gloria in

EIN ELFENBEIN-ALTÄRCHEN ZUM MITNEHMEN

Anonym
um 1360
Elfenbein, geschnitzt
St. Gallen, Stiftsbibliothek
Inv. Nr. 147

Das klappbare Reisealtärchen wurde der Stiftsbibliothek geschenkt und 2011 in den Bestand aufgenommen.

Das aus Elfenbein geschnitzte kleine gotische Reisealtärchen gelangte als Schenkung aus Privatbesitz in die Stiftsbibliothek St. Gallen. Obwohl es keinen unmittelbaren Bezug zur Fürstabtei aufweist, wurde es 2011 in den Bestand aufgenommen. Ausschlaggebend war seine besondere Eignung für Ausstellungen, in denen abstrakte Themen wie «Gebet», «Andacht» oder «Reise» anschaulich gemacht werden sollen. Mit seiner beweglichen, klappbaren Form, seiner feinen Reliefschnitzerei und seiner handlichen Grösse verkörpert es in idealer Weise die spätmittelalterliche Praxis der privaten Frömmigkeit. Solche Andachtsgeräte dienten als Begleiter unter anderem auf Pilgerfahrten und waren zugleich sichtbares Zeichen von Frömmigkeit und sozialem Rang.

Das kleine Triptychon besteht aus einer Mitteltafel mit krabbenbesetztem Dreiecksgiebel sowie zwei seitlichen Flügeln. Im Zentrum steht die Marienkrönung: Unter einer Arkade sitzt Maria auf einer Bank und wendet sich dem Jesuskind zu. Auf dem linken Flügel erscheint eine betende Frau. Beide Figuren sind in gotische Arkaden eingestellt. Trotz des kleinen Formats und der Flachreliefschnitzerei erzeugen die Drehung und Verkürzung der Figuren räumliche Tiefe. Ob das Altärchen ursprünglich farbig gefasst oder gar teilweise vergoldet war, lässt sich heute nicht mehr feststellen. Die Aussenseiten der Flügel sind glatt und schmucklos.

Elfenbein war ein kostbares und seltenes Material. Aufgrund seiner feinen, hellen Oberfläche eignete es sich besonders für Luxusobjekte sowie sakrale Ausstattungsstücke. Die kunstvolle Ausführung legt nahe, dass dieses Altärchen aus dem Besitz einer hochgestellten Persönlichkeit stammt. Stilistische Merkmale deuten auf eine Entstehung in Paris hin, wo sich im 14. Jahrhundert eine regelrechte Werkstatttradition für Elfenbeinreliefs entwickelte.

Museen stehen heute im Umgang mit solchen Objekten vor zwei Herausforderungen. Zum einen gilt es die Echtheit zu klären, da Elfenbeinschnitzereien im 19. Jahrhundert häufig gefälscht wurden.[45] Zum anderen wirft der Handel mit Elfenbein auch ethische Fragen auf. Seit 2022 ist es in der Schweiz aus Gründen des Tierschutzes verboten, Elfenbeinobjekte auszuführen.[46] Hinzu kommt die kritische Auseinandersetzung mit der kolonialen Vergangenheit. Gegenwärtig wird diskutiert, ob Museen auf die Ausstellung von Elfenbein verzichten müssten, um der kolonialen Gewalt nicht unreflektiert Raum zu geben.[47] Das Reisealtärchen verbindet daher kunsthistorischen Wert mit aktuellen Fragestellungen zu Provenienz und Verantwortung. (Ulrike Ganz)

SCHENKUNGEN AUS KRIEGSBEUTE

St. Gallen, Stiftsbibliothek
Cod. Sang. 1313, S. 6
Papier, 640 Seiten
21 × 15 cm
Osmanisches Reich,
17. Jahrhundert

Der Koran beginnt mit der Sure 1. Sie heisst *Al Fatiha*, «Die Eröffnende».

1687 wird im *Wohltäter-Verzeichnis der Bibliothek* (Cod. Sang. 1280, S. 137) der Eingang von sieben Objekten türkischer Herkunft vermerkt. Ein türkischer Bogen, ein Ring aus Bronze, ein türkischer Löffel aus Muskatholz, ein mit arabischen Buchstaben versehener Siegelring und drei arabische Handschriften.[48] Diesem Eintrag folgt die Schenkung einer Koranhandschrift mit den Worten: *Praenobilis D[ominus] Rudolfus Christophorus Würz a Rudenz, Vice-Colonellus Caesarareus auxit bibliothecam Alcorano Arabice eleganteo scripto in 4°. Habuit librum ex praeda Budensi cuius expugnationi ipse interfuerat.* Auf Deutsch: «Der hochadelige Herr Rudolf Christoph Wirz von Rudenz, kaiserlicher Vizeoberst, erweiterte die Bibliothek um einen Koran in eleganter arabischer Schrift im Quartformat. Er besass ein Buch aus der Beute von Buda, an deren Eroberung er selbst teilgenommen hatte.»

Solche Orientalia gelangten seit der Ersten Belagerung Wiens durch osmanische Truppen im Jahre 1529 und in viel grösserer Menge nach der Zweiten Belagerung Wiens 1683 als «Türkenbeute»[49] nach Westeuropa. Sie fanden Eingang in fürstliche Schatzkammern und dienten als Beweis für den Heldenmut ihrer Besitzer. Auch Rudolf Christoph Wirz (1642–1701) hatte im Koran sein Wappen angebracht und die Herkunft aus der Beute von Budapest vermerkt.[50] Nach seiner Rückkehr aus Ungarn schenkte er die Handschrift dem neu gewählten St. Galler Fürstabt Cölestin Sfondrati (1644–1696, Fürstabt 1687–1696).

Im christlichen Abendland wurde der Koran erstmals durch eine lateinische Übersetzung greifbar, die der Abt von Cluny, Petrus Venerabilis (1092–1156), 1142/43 in Spanien in Auftrag gab. Bis weit in die Zeit der Aufklärung hinein wurde der Koran vor allem mit der Bibel verglichen. Die «türkische Bibel» galt als eine Verfälschung der Bibel, wurde verunglimpft und in die konfessionellen Auseinandersetzungen in der Reformation miteinbezogen.[51] Erst der katholische Theologe Johann Adam Möhler (1796–1838) würdigte den Koran als eigenständige religiöse Quelle mit eigener Spiritualität.[52] Der Eintrag im *Wohltäter-Verzeichnis* zeigt, dass der St. Galler Klosterbibliothekar die elegante Schrift des Korans bewunderte. Das Geschenk wurde sorgfältig aufbewahrt. Während die dem Kloster geschenkten Waffen und Gebrauchsgegenstände bis auf ein Messer verloren gingen, blieb der Koran erhalten. Er ist heute als Cod. Sang. 1313 Teil der Handschriftensammlung der Stiftsbibliothek. (EVA DIETRICH)

بسم الله الرحمن الرحيم
الحمد لله رب العلمين الرحمن الرحيم
ملك يوم الدين اياك نعبد واياك
نستعين اهدنا الصرط المستقيم
صرط الذين انعمت عليهم غير
المغضوب عليهم ولا الضالين

EINE NEUE HANDSCHRIFT ENTSTEHT

Mit dem seligen Notker dem Stammler (Notker Balbulus, † 912) und der heiligen Wiborada († 926) zählen zwei markante und überregional bedeutende Persönlichkeiten zur Geschichte St. Gallens. Notker der Stammler war ein bedeutender Wortkünstler und Verfasser von kirchenmusikalischen Werken, den Sequenzen, von denen einige während Jahrhunderten in ganz Europa gesungen wurden. Und Wiborada war die erste nicht von einem Ortsbischof, sondern 1047 vom Papst für die Weltkirche heiliggesprochene Frau. Beide haben ihren Gedenktag Anfang Mai: Wiborada am 2. und Notker am 7. Mai.

Im Gedenken an diese beiden Persönlichkeiten lädt die Stiftsbibliothek seit 2016 Anfang Mai jeweils eine Persönlichkeit zu einer Rede in den berühmten Bibliothekssaal ein, abwechselnd im Gedenken an Notker und – seit 2022 – an Wiborada.[53] Diese Rede hat einige Besonderheiten. So wählen die Vortragenden ihr Thema selbst, und der Vortrag steht für sich – es gibt keine Fragen und auch keinen Apéro. Anschliessend werden die Redetexte von Hand mit Federkiel auf Kalbspergament geschrieben und teilweise auch illuminiert. So entsteht nach und nach eine neue Handschrift, die für die Sammlung der Stiftsbibliothek bestimmt ist. Nach Klaus-Peter Schäffel und Timothy O'Neill ist zurzeit Anna Velia Vogel die Hauptskriptorin des Unterfangens.[54]

Das Notker- und Wiborada-Manuskript ist nicht die einzige moderne Handschrift der Stiftsbibliothek. Auf die Initiative von Beat von Scarpatetti (* 1941), langjähriger Mitarbeiter für die Handschriftenerschliessung in der Stiftsbibliothek, entstand in den 1980er-Jahren die St. Galler Waldhandschrift mit 238 Pergamentseiten. Dafür schrieben 123 Schweizer Schriftstellerinnen und Schriftsteller, darunter Adolf Muschg, Eveline Hasler und Franz Hohler, exklusive Texte in allen vier Schweizer Landessprachen zum Thema Waldsterben und Bewahrung der Umwelt. Im Unterschied zum Notker- und Wiborada-Manuskript regelt ein strenges Statut den Umgang mit der Waldhandschrift. Sie darf nicht unter Glas ausgestellt werden und allen zugänglich sein. Die Erstellung von Fotos, Faksimiles oder Drucken der Texte ist verboten, der Inhalt kann deshalb nur durch Lesen, Vorlesen und Abschreiben von Hand verbreitet werden. Die Waldhandschrift wurde 1987 auf dem Rütli symbolisch der Öffentlichkeit übergeben und war anschliessend an vielen Orten zu Gast. Sie befindet sich als Cod. Sang. 1999 in der Stiftsbibliothek St. Gallen, zusammen mit einer kleineren Abschrift, dem Codex Raetus (Cod. Sang. 348b).[55] All diese Handschriften sind dic bleibende Frucht neuerer kultureller Initiativen der Stiftsbibliothek. (Cornel Dora)

St. Gallen, Stiftsbibliothek
Ohne Signatur, S. 109
Pergament, noch nicht fertiggestellt
26 × 17.5 cm
St. Gallen, Klaus-Peter Schäffel, Timothy O'Neill, Anna Velia Vogel, seit 2019

Beginn der Rede von Jacqueline Straub in der St. Galler Handschrift der Notker- und Wiboradareden.

Liste der bisherigen Rednerinnen und Redner:
2016
Abt Martin Werlen, Kloster Einsiedeln (1. Notkerrede)
2017
Jakob Kellenberger, ehemaliger Präsident des IKRK (2. Notkerrede)
2018
Mary McAleese, ehemalige Staatspräsidentin der Republik Irland (3. Notkerrede)
2019
Abtprimas Notker Wolf, Kloster St. Ottilien (4. Notkerrede)
2020
Thomas Hürlimann, Schriftsteller (5. Notkerrede)
2021
Ausfall wegen Corona
2022
Jacqueline Straub, Theologin (1. Wiboradarede)
2023
Conrad Amber, Baum-Aktivist (6. Notkerrede)
2024
Sr. Philippa Rath, Benediktinerin, Abtei St. Hildegard, Rüdesheim (2. Wiboradarede)
2025
Peter Sloterdijk, Philosoph (7. Notkerrede)

WIBORADA-REDE

„Berufen zur Priesterin"

Jacqueline Straub

7. Mai 2022

Maria und Josef neben der Wiege mit Jesuskind: Sie bilden den Kern jeder Krippe, der je nach Bedarf um weitere Szenen der Weihnachtsgeschichte ergänzt wird; um Hirten und Schafe oder Könige oder aber auch die Verkündigung oder Empfängnis Mariens, häufig auch um Alltagsszenen mit Laien. Neben Weihnachtskrippen gibt es zudem Oster- oder Sommerkrippen.[56]

Die Art, biblische Szenen mit beweglichen Figuren darzustellen, entwickelte sich in Neapel bereits gegen Ende des 15. Jahrhunderts. Nördlich der Alpen verbreiteten sich Krippen erst ab 1600. Zu ihren Förderern gehörte der damals junge Orden der Jesuiten, zuerst in Bayern (München, Altötting) und Innsbruck und dann 1638 in Luzern und 1661 in Brig. In der Barockzeit im 17. und vor allem im 18. Jahrhundert erlebten die meist reich geschmückten Krippen ihren Höhenflug. Ab Ende des 18. Jahrhunderts wurden Heimkrippen in Privathäusern üblich, mit Figuren und Objekten aus Wachs, Draht, Holz, Blech, Ton oder Edelmetallen. Parallel dazu verschwanden sie aber aus den Kirchen und Klöstern, wo sie aus aufklärerischer Sicht nicht mehr erwünscht waren. Mit der Erfindung der Lithografie (Flachdruck) ab dem 19. Jahrhundert kamen auch farbige Faltkrippen in Mode.[57]

Die hier abgebildeten drei Figuren sind unterschiedlicher Materialität:[58] Das Jesuskind ist ganz aus Holz geschnitzt, Josef und Maria bestehen unter der Gewandung aus Drahtgerüsten, die sichtbaren Teile Kopf und Hände sind bei Josef aus Holz, bei Maria aus Wachs gefertigt. Josef mit grauem Bart verfügt über überproportional grosse Hände, während diese bei Maria nicht vollständig erhalten sind. Beide sind in passgenau gefertigte edle Gewänder aus Brokat und Baumwollspitze gekleidet. Josefs seidener Umhang wird durch ein besticktes, beidseitig mit Glasstein verziertes Band zusammengehalten, Marias Schleier ist durch eine Drahtkrone am Kopf befestigt. Neben diesen drei Figuren gehören noch acht weitere, alle ungefähr 60 Zentimeter grosse Krippenfiguren aus Draht und Wachs zum Bestand in der Stiftsbibliothek: ein stehendes Jesuskind, ein Engel, zwei Hirten, ein Mann und eine Frau sowie zwei Könige. Alle tragen kunstvolle Gewänder.[59]

Das Krippenensemble von insgesamt elf Figuren wird seit 2012 als Dauerleihgabe der Katholischen Kirchgemeinde St. Gallen in der Stiftsbibliothek aufbewahrt und zu Weihnachten im Barocksaal präsentiert.[60] Die Figuren entstanden Ende des 18. Jahrhunderts und stammen aus der Pfarrei St. Georgen. Eine stilistische Ähnlichkeit besteht mit Wachskrippenfiguren des 18. Jahrhunderts im Kloster Maria der Engel Wattwil, die wahrscheinlich auch im Kloster hergestellt wurden.[61] (RUTH WIEDERKEHR)

Anonym
Ende 18. Jahrhundert
Wachs, Holz, Draht, div. Textilien
St. Gallen, Stiftsbibliothek
Eigentum der Katholischen Kirchgemeinde St. Gallen, ohne Inv. Nr.

Maria, Josef und das Jesuskind gehören zum elf Figuren umfassenden Krippenfigurenbestand, der als Leihgabe der Katholischen Kirchgemeinde St. Gallen in der Stiftsbibliothek aufbewahrt wird.

CORNEL DORA | ULRIKE GANZ | RUTH WIEDERKEHR

3 WOHER KOMMT ES, UND IST ES GUT?

In den vergangenen Jahrzehnten sind zunehmend Fragen zur Herkunft der Museumsobjekte in den Fokus der öffentlichen Diskussion getreten. Oft sind diese Provenienzfragen verbunden mit dem Thema einer allfälligen Restitution oder Entschädigung. Bestimmend dafür waren zunächst die Gräueltaten der Nationalsozialisten von 1933 bis 1945, die zu grossem Unrecht im Hinblick auf das kulturelle Eigentum der meist jüdischen Opfer und zu zahlreichen ethisch fragwürdigen Handwechseln von Kulturgut geführt haben. Später kamen Ansprüche ehemaliger Kolonien dazu, die im Rahmen der postkolonialen Debatte diskutiert wurden und werden.[62]

Die Frage, der sich Museen heute überall stellen müssen, lautet also: «Woher kommt es, und ist es gut?» Zur Regelung dieses schwierigen Themenkomplexes hat sich die Staatengemeinschaft 1970 im Rahmen der UNESCO auf ein Übereinkommen über Massnahmen zum Verbot und zur Verhütung der rechtswidrigen Einfuhr, Ausfuhr und Übereignung von Kulturgut verständigt (UNESCO-Konvention 1970).[63] Spezifisch für durch die Naziverfolgung entzogene Kulturgüter sind seit 1998 zudem in vielen Ländern, darunter auch der Schweiz, die Washingtoner Prinzipien wegleitend.[64] Sie legen Grundsätze fest, nach denen Raubkunst identifiziert, ursprüngliche Eigentümer identifiziert und angemessene Lösungen gefunden werden können.

Die Wiedergutmachung von Unrecht nach Jahrzehnten oder gar Jahrhunderten ist freilich anspruchsvoll und oft konfliktträchtig. Denn die Vorgänge im realen Leben verlaufen nicht immer nach einfachen Mustern, die ein eindeutiges ethisches Urteil zulassen. Und je höher der emotionale oder materielle Wert eines Kulturguts ist, umso eher kommt es zu Auseinandersetzungen in der Öffentlichkeit. Dabei können unversöhnliche Wertsysteme und Gerechtigkeitsauffassungen aufeinanderprallen. Und es geht auch um weitere rechtliche Güter wie Eigentumsrechte und Rechtsfrieden. In der Schweiz steht seit einigen Jahren vor allem die Sammlung Bührle im Kunsthaus Zürich in einer inzwischen stark politisierten Kontroverse.[65] Wie schwierig es ist, perfekte Lösungen zu finden, macht aber auch der Fall der Benin-Bronzen deutlich, deren Restitution nicht nur Fragen löst, sondern auch neue aufwirft.[66]

Neben diesen breit diskutierten Fällen gibt es in den meisten Sammlungen zahlreiche Bestände, für die Herkunftsfragen grundlegend sind. Einige Beispiele aus der Stiftsbibliothek zeigen das weite Spektrum, in welchem sich das Thema bewegen kann.

- Es gibt fremdes Gut, das ethisch gesehen unproblematisch ist, weil es aus freiem Willen als Geschenk oder durch regulären Kauf an einen Ort gelangt ist. Ein Beispiel sind die wertvollen irischen Handschriften aus dem 7. bis 9. Jahrhundert, die sich seit mehr als tausend Jahren in der Stiftsbibliothek befinden. Sie sind in Irland entstanden und von irischen Mönchen damals als Geschenke oder mit ihrem Nachlass dem Kloster überlassen worden. Ihr Verbleib in St. Gallen bot die Voraussetzungen, dass sie die Zeiten besser überdauern konnten als im Ursprungsland selbst, das über Jahrhunderte immer wieder Opfer von Raub und Zerstörung war. Dafür sind die Iren heute dankbar.[67]
- Dem Schutz der Bücher diente auch eine Aktion von Klosterbibliothekar Johann Nepomuk Hauntinger (1756–1823) im Jahr 1782. Er führte nicht nur die verstreuten Handschriften- und Inkunabelbestände aus den verschiedenen Zweigstellen des Klosters in Neu St. Johann, Wil und Rorschach in St. Gallen zusammen, sondern insbesondere auch aus den unter der Jurisdiktion des Fürstabts stehenden Frauenklöstern. Möglicherweise konnten diese wertvollen Sammlungsteile in den Wirren der Helvetik dadurch besser erhalten werden. Allerdings hätte auch der umgekehrte Fall eintreten können.[68]
- Beim sogenannten «Kulturgüterstreit» zwischen St. Gallen und Zürich, der von 1998 bis 2006 international Aufsehen erregte und 2006 zu einem vertraglichen Ausgleich führte, liegt der Fall grundsätzlich anders. Es geht dabei um Handschriftenbestände, Archivalien und Gegenstände, die im Toggenburgerkrieg 1712 nach Zürich verschleppt und entgegen den Restitutionsverpflichtungen im Frieden von Baden anschliessend nicht vollständig zurückgegeben wurden.[69] Lange hat Zürich die Sache gegenüber St. Gallen vertuscht. Bei der Aufklärung der Sache spielt eine Liste der nach Zürich transportierten Bestände eine wichtige Rolle, die der Zürcher Gelehrte Johann Jakob Scheuchzer 1712/13 erstellt hatte, die in St. Gallen aber erst 1841 bekannt wurde, nachdem Stiftsbibliothekar Franz Weidmann (1774–1843) sich Zugang dazu verschaffen und sie abschreiben konnte.
- Wohl ebenfalls im Rahmen der Plünderungen im Toggenburgerkrieg von 1712 wurde das Nortpert-Horn, auch Nortpert-Olifant genannt, aus St. Gallen entwendet. Bei diesem wertvollen Artefakt aus dem 11. Jahrhundert zeigt sich, wie verschlungen und unsicher die Wege entfremdeter Kulturgüter sich gestalten können. 1986 wurde es aus dem Schweizerischen Landesmuseum gestohlen und ist seither verschollen.

- Ganz anders wieder liegen die Dinge im Fall der Einblattdruck-Sammlung von Gallus Kemli, die bis 1930 wohl die älteste überhaupt im ursprünglichen Umfang erhaltene Sammlung von solchen Erzeugnissen aus der Frühzeit im 15. Jahrhundert war. Sie wurde 1930 von der Behörde der Stiftsbibliothek zur Geldbeschaffung verkauft und in verschiedene Museen und Bibliotheken verstreut. Seit 2015 konnte die Stiftsbibliothek einzelne von ihnen zurückbeschaffen. Bei den zurückgekauften Blättern konnte inzwischen nachgewiesen werden, dass sie nach 1930 nicht zu Nazi-Raubgut wurden – ein Glücksfall.
- In die Nähe der kolonialen Kontexte führen schliesslich die «Ostindische Sammlung» des Söldners Georg Franz Müller aus dem 17. Jahrhundert und die ägyptische Mumie der Schepenese, die sich seit 1820 in der Stiftsbibliothek befindet. Ihre Herkunft und ihre Geschichte in St. Gallen werden das Kapitel abschliessen.

Die Stiftsbibliothek hat in den letzten zwei Jahren ihre Bestände im Hinblick sowohl auf allfälliges Raubgut der Nationalsozialisten als auch auf koloniale Bezüge geprüft. Aufgrund der zum heutigen Zeitpunkt zur Verfügung stehenden Informationen besitzt sie keine Bücher oder Objekte, die diesbezüglich dringlichen Handlungsbedarf zeigen. Aufgrund des Berichts wurde jedoch im Fall einer spätmittelalterlichen Handschrift eine Meldung an die einschlägige Datenbank *Lost Art* erstattet.[70] Der Band erschien 1943 auf einer Auktion in Deutschland. Da das Auktionshaus gemäss Auskunft über keine Akten mehr zum damaligen Handwechsel verfügt, wurde entschieden, die Handschrift zu melden.

Wenden wir uns nun einigen konkreten Fällen zu.

(Cornel Dora)

EIN BEWEISSTÜCK

Die grösste Gefahr für Kulturgüter sind Kriege. Ein Beispiel dafür ist der Toggenburgerkrieg von 1712, den die katholische Fürstabtei St.Gallen innert weniger Tage gegen die reformierten Stände Zürich und Bern verlor. Das Kloster erlitt dabei massive Plünderungen. Neben Glocken, der Druckerei und sogar Feuerspritzen wurde auch die bereits damals berühmte Bibliothek abtransportiert und je hälftig in die beiden Hauptstädte Zürich und Bern gebracht.[71]

Der Frieden von Baden, der am 15. Juni 1718 unter Vermittlung der Grossmächte geschlossen wurde, setzte die Fürstabtei wieder in ihre hergebrachten Rechte ein und verpflichtete die Aggressoren zur Rückgabe der Bibliothek.[72] Während Bern Anfang 1719 5639 Bände und einige Bilder zurücktransportierte, wartete Zürich länger zu, bevor es am 22. März 1720 nur 4400 Bücher nach St.Gallen bringen liess. Andere Objekte waren nicht dabei, auch nicht der in Zürich öffentlich als Trophäe gezeigte St.Galler Globus.[73]

Bald kam in St.Gallen die Vermutung auf, dass Zürich wesentliche Bestände nicht vollständig rückerstattet hatte. Der Klosterbibliothekar Pius Kolb (1712–1762) kam um 1750 auf 119 fehlende Bände, als er den Handschriftenkatalog seines Vorgängers Hermann Schenk (1653–1706), der kurz vor dem Krieg um 1700 entstanden war, mit dem in der Bibliothek vorhandenen Bestand abglich. Schon 1735 hatten formelle und informelle Bemühungen der St.Galler Verantwortlichen eingesetzt, die fehlenden Handschriften und Kulturgüter zurückzuerhalten. Zeitweise wurde das Anliegen auch von prominenten Zürcher Gelehrten unterstützt.[74]

Was Kolb um 1750 noch nicht wusste: Zürich verfügte über einen genauen Katalog der aus St.Gallen weggeschafften Handschriften. Der Naturforscher Johann Jakob Scheuchzer (1672–1733) hatte ihn 1713 verfasst. Er führt 536 Nummern st.gallischer Bände an und befindet sich heute mit der Signatur C 366 in der Zentralbibliothek Zürich.[75] Erst fast ein Jahrhundert später gelang es Kolbs Nachfolger Franz Weidmann (1774–1843), diesen Katalog zu sehen und in Cod. Sang. 1450 gar abzuschreiben. Der Vergleich mit dem in St.Gallen vorhandenen Bestand ergab nicht nur zuverlässig die Bestände, die wieder in St.Gallen waren, sondern umgekehrt auch diejenigen, die in Zürich zurückbehalten worden waren. Die entsprechende Liste publizierte Weidmann 1841 im Anhang seiner Geschichte der Stiftsbibliothek.[76]

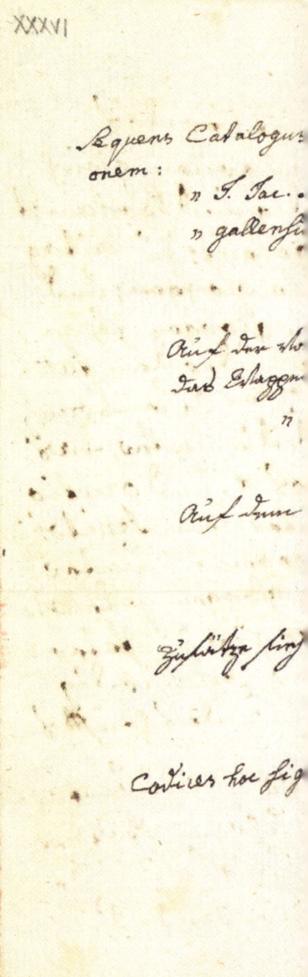

St. Gallen, Stiftsbibliothek
Cod. Sang. 1450, S. VI–1 (sic)
Papier, XXXVI + 160 Seiten
16.5 × 19.5 cm
St. Gallen (Franz Weidmann), 1841

Franz Weidmanns Abschrift des Katalogs der St. Galler Handschriften in der Stadtbibliothek Zürich, 1713 erstellt von Johann Jakob Scheuchzer. Weidmann ergänzte die Bände, die wieder in St. Gallen vorhanden waren, mit einem Kreuzzeichen.

Wie Weidmann 1841 an den Katalog von Scheuchzer gelangte, ist leider nicht überliefert. Auffallenderweise publizierte Ferdinand Keller (1800–1881), der angesehenste Zürcher Historiker jener Zeit, 1844, also wenige Jahre später, erstmals ein kommentiertes Faksimile zum St. Galler Klosterplan. War der Zugang Weidmanns zum Scheuchzer-Katalog eine Bedingung dafür, dass Keller die Erlaubnis für das Faksimile bekam? (Cornel Dora)

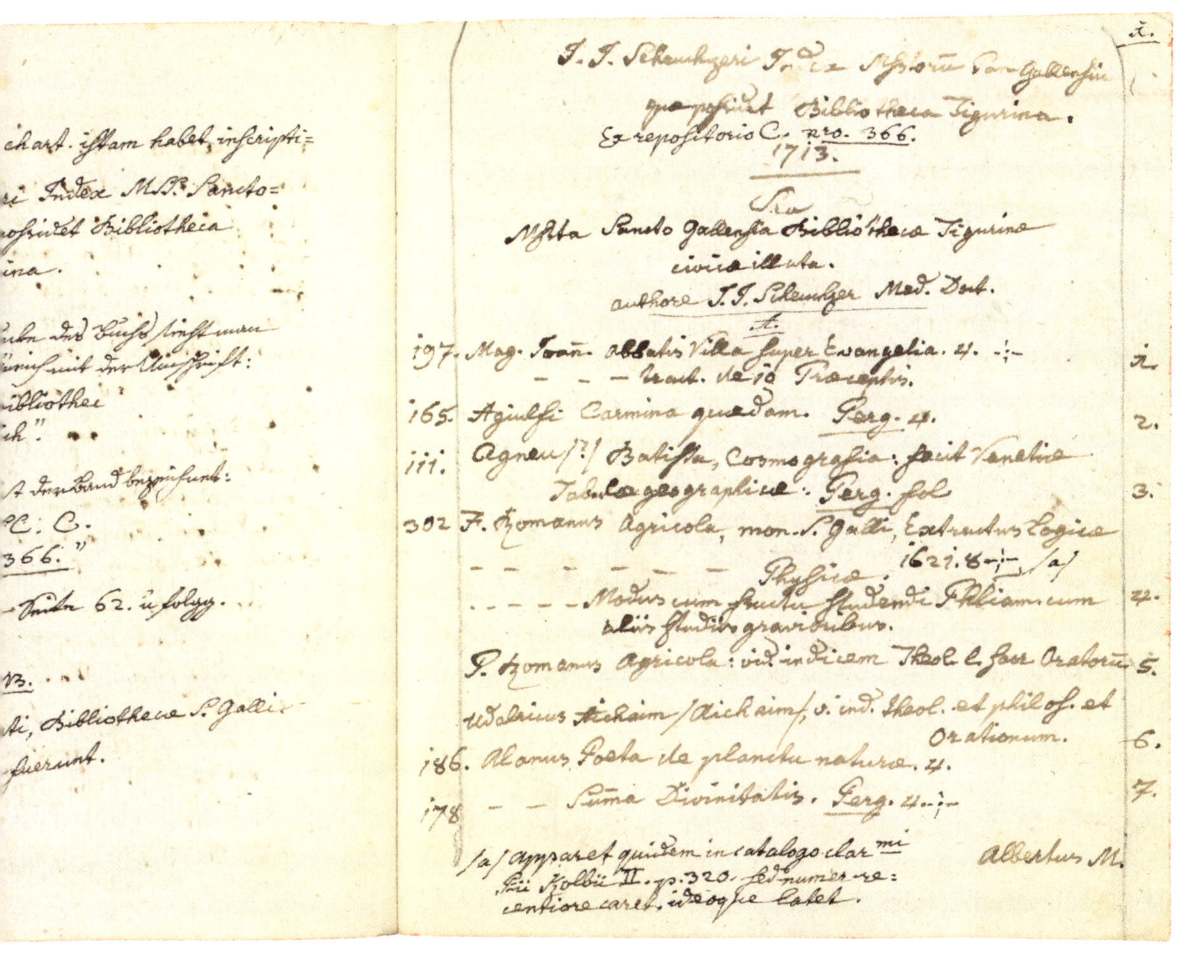
Ex repositorio C. Nro. 366.
1713.
authore J. J. Scheuchzer Med. Doct.
165. Agilulfi Carmina quaedam. Perg. 4. 2.
186. Alanus Poeta de planctu naturae. 4. 6.
178 – – Summa Divinitatis. Perg. 4. 7.
Albertus M.

EIN UNGEKLÄRTER DIEBSTAHL

Am 5. März 1986, zwischen 10 und 14.30 Uhr, wurde im Landesmuseum Zürich ein 56 Zentimeter langes Elfenbeinhorn aus dem 11. Jahrhundert gestohlen, der sogenannte Nortpert-Olifant.[77] Das kostbare Stück stammte ursprünglich aus dem Kloster St.Gallen. Der St.Galler Reformabt Nortpert von Stablo (Abt 1034–1072) hatte es aus einem Elefantenzahn – möglicherweise auch aus einem bereits bestehenden Harschhorn – anfertigen und mit einer Widmungsinschrift versehen lassen: *Nortpertus donum dedit hoc tibi Galle decorum / Huic ob mercedem paradysum dafore sedem* («Nortpert hat dir, Gallus, dieses schöne Geschenk gegeben. / Gib ihm dafür als Lohn einen Platz im Paradies.»).[78]

Nicht nur die Inschrift auf dem Olifanten belegt die Herkunft aus St.Gallen, sondern er wird auch in einer ganzen Reihe schriftlicher Zeugnisse als st.gallischer Besitz ausgewiesen; letztmals im Schatzverzeichnis von 1708, und in der Regel zusammen mit einem zweiten, ähnlichen Exemplar von Abt Purchart (entweder I., Abt 959–971, oder II., Abt 1001–1022).[79] Weil beide in keinem der vier st.gallischen Schatzverzeichnisse nach dem Toggenburgerkrieg 1712 erscheinen (1720, 1723, 1739 und 1781), ist davon auszugehen, dass sie 1712 als Plündergut abtransportiert wurden.[80]

Während der Olifant von Purchart seit 1712 verschollen ist, gelangte derjenige von Nortpert wohl nach Zürich in Privatbesitz. Dafür spricht unter anderem eine mit dem Horn überlieferte historische Notiz, die auf eine zürcherische Anweisung zum Umgang mit Kirchengütern Bezug nimmt und sich abfällig über das Gottesbild der früheren Besitzer äussert.[81] Gemäss einer weiteren handschriftlichen Notiz verkaufte ein unbekannter Besitzer den Olifanten 1817 an Blasius Hauntinger (1762–1826), Bibliothekar im Kloster Rheinau, und jüngerer Bruder des St.Galler Stiftsbibliothekars Johann Nepomuk Hauntiger (1756–1823).[82] 1823 wurde das Horn im Kloster Rheinau vom Zürcher Künstler Georg Ludwig Vogel (1788–1879) sorgfältig abgezeichnet. Auf dem Blatt wurde neben anderem handschriftlich vermerkt, dass er sich dort im Kunst- und Altertümerkabinett befand.[83] Spätestens nach der Auflösung des Klosters im Jahr 1862 gelangte das wertvolle Stück dann in den Besitz der Antiquarischen Gesellschaft in Zürich und von dort als wertvolle Morgengabe ins Eigentum des 1890 gegründeten und 1898 eröffneten Landesmuseums Zürich.[84]

Undatiert
Fotografie, s/w
Zürich, Schweizerisches Nationalmuseum, NEG-32926 AG 1312

Neben einigen Akten und einer Zeichnung sind vom Nortpert-Olifanten nur noch wenige Schwarz-Weiss-Fotografien erhalten.

Der Fall zeigt beispielhaft, dass durch die Entfremdung eines Objekts aus seinem früheren sinnvollen Zusammenhang verschiedene Problematiken auftreten können. Gerade bei wertvollen Objekten, die entfremdet werden, bleibt die Ursprungsgesellschaft interessiert. Der auswärtige neue Besitzer verwaltet es somit nicht nur für sich selbst, sondern auch treuhänderisch für den Herkunftsort. Moralisch gesehen entsteht daraus eine erhöhte Sorgfaltspflicht für die aufbewahrende Institution.

Diebstähle von Kulturgut werden heute dadurch erschwert, dass sie in Datenbanken eingetragen werden, die im Kunsthandel bekannt sind. Trotzdem konnten Diebstahl und Verbleib des Nortpert-Olifanten bisher nicht aufgeklärt werden. Sollte er eines Tages tatsächlich wieder gefunden werden, wäre es sinnvoll zu überlegen, ob er nicht in seine Heimat St. Gallen zurückkehren könnte.

(Cornel Dora)

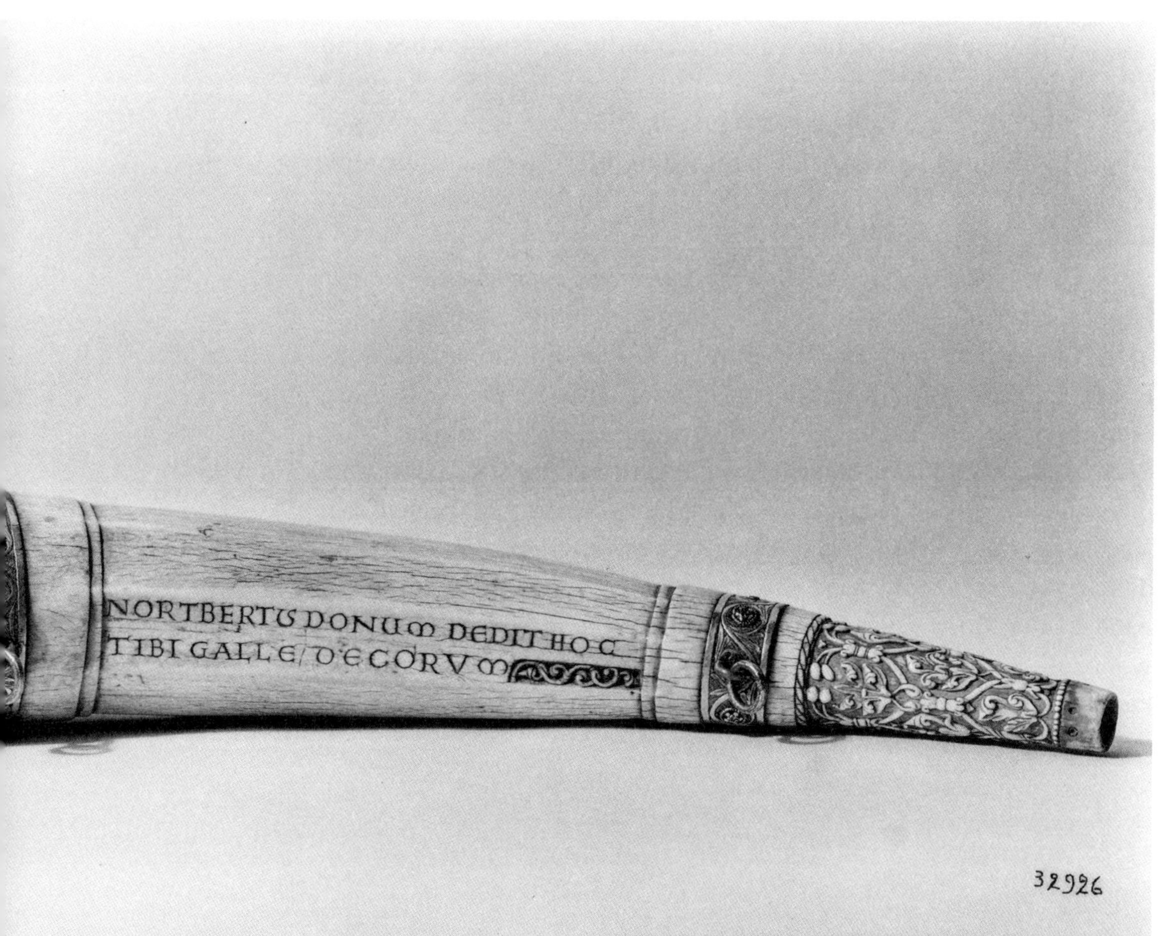

VERSTEIGERUNG DES MARIENTODS

Anonym
um 1465
Einblattholzschnitt, altkoloriert/Papier
St.Gallen, Stiftsbibliothek
Sammlung Kemli
Nr. 30, Inv. Nr. 311

Die Provenienz dieses Blatts wurde von der Stiftsbibliothek genau überprüft und als unproblematisch eingestuft. Es konnte belegt werden, dass während der Zeit des Nationalsozialismus keine Handwechsel stattgefunden haben.

Der Holzschnitt zeigt den Tod Mariens in innovativer Darstellungsweise. Die Gottesmutter kniet im Kreis der Apostel und betet. Über ihr ist Christus in einer Gloriole dargestellt, der die Seele seiner Mutter in Gestalt eines kleinen Kindes in seine Arme aufnimmt. Solche Blätter gehörten häufig zu umfangreicheren Passionsserien, die vielfach kopiert wurden, und standen im Zentrum einer betont erzählerischen Bildfrömmigkeit des 15. Jahrhunderts.[85]

Das Blatt entstammt der Sammlung des St.Galler Mönchs Gallus Kemli (1417–1481), der viele Einblattdrucke zusammentrug und bisweilen in seine eigenen Handschriften einklebte. Nach seinem Tod gelangten sie in den Besitz des Klosters. Im Jahr 1930, in der Weltwirtschaftskrise, geriet der katholische Konfessionsteil des Kantons St.Gallen in finanzielle Schwierigkeiten. Der Administrationsrat beschloss, die gesamte Sammlung Kemli über das Berliner Auktionshaus Hollstein & Puppel zu veräussern. Am 8. November 1930 wurde auch der *Marientod* in der 44. Auktion versteigert. Erst 2015 fand das Blatt durch eine Schenkung eines Schweizer Privatsammlers wieder in die Stiftsbibliothek zurück.[86]

Wie immer in solchen Fällen nahm die Stiftsbibliothek eine genaue Provenienzprüfung vor, um unrechtmässige Handwechsel während der NS-Zeit (1933–1945) auszuschliessen. Eine erste Spur führte zu Jacques Rosenthal, einem Münchner Antiquar jüdischer Herkunft, der auf der Ergebnisliste der Auktion als Käufer genannt wird.[87]

Eine systematische Auswertung von Ankaufskatalogen,[88] Lagerbüchern,[89] Korrespondenzen und Verkaufsbüchern der Jahre 1930 bis 1935[90] ergab, dass der *Marientod* gemeinsam von Jacques Rosenthal und dem Luzerner Antiquariat Gilhofer & Ranschburg ersteigert wurde – und zwar jeweils anteilig zu je 50 Prozent.[91] Das Blatt ging gleich nach Luzern. Am 15. April 1931 bezahlte das Antiquariat Gilhofer & Ranschburg Jacques Rosenthal aus, weil ein Käufer gefunden worden war. Mit grosser Wahrscheinlichkeit ging das Blatt damals rechtmässig in das Eigentum des Privatsammlers Albert Blum über. Diese Ergebnisse erlauben den Schluss, dass es während der Zeit des Nationalsozialismus bei diesem Blatt zu keinem konfiskatorischen Handwechsel kam. Die Provenienz gilt daher als unproblematisch. (Ulrike Ganz)

EIN KÖRBCHEN AUS SULAWESI ALS REISEANDENKEN

Anonym
um 1680
Riesenschilf, geflochten
St. Gallen, Stiftsbibliothek
Inv. Nr. 473

Ein harmloser Alltagsgegenstand wie das Körbchen erzählt von kolonialer Vergangenheit. Eine Überprüfung seiner Provenienz ergab keine Hinweise auf einen unrechtmässigen Erwerb.

Das kleine, mehr als dreihundert Jahre alte Körbchen aus Sulawesi ist weit mehr als nur ein hübsches Alltagsobjekt. Es steht für die Verflechtungen von kolonialen Expeditionen, kulturellem Austausch und privater Sammeltätigkeit im späten 17. und frühen 18. Jahrhundert. Das Gefäss besteht aus zwei verschiedenfarbigen Schilfsorten, die in raffinierter Technik verflochten sind: Der bauchige Körper ruht auf einem eingezogenen Rundfuss, der gewölbte Deckel ist mit dunklen Längsstreifen in Form schmaler Rauten akzentuiert.

Seinen Weg nach St. Gallen fand das Körbchen bereits 1723. Damals gelangte es von Georg Franz Müller (1646–1707) in die Bibliothek.[92] Müller war Leibdiener des St. Galler Mönchs Kolumban von Andlau (1627–1707) gewesen und besass eine aussergewöhnliche Sammlung von Objekten aus «Ostindien». Gemäss einem Vertrag von 1698 sollte diese nach seinem Tod ans Kloster St. Gallen übergehen – gegen ein lebenslanges Wohn- und Unterhaltsrecht.

Müller hatte seine Sammlung 1669 bis 1682 während eines 13-jährigen Aufenthalts in Indonesien erworben, als Söldner im Dienst der Niederländischen Ostindien-Kompanie. In dieser Zeit war er auch wiederholt an kriegerischen Auseinandersetzungen zur Sicherung der Handelsroute beteiligt.[93] Seine *Ostindische Sammlung* bestand vor allem aus Alltagsgegenständen. Ein Teil davon ist zusammen mit zwei erläuternden und illustrierenden Handschriften (Cod. Sang. 1278 und 1311) erhalten und wird in der Stiftsbibliothek aufbewahrt.[94]

Im Jahr 2024 unterzog die Stiftsbibliothek die *Ostindische Sammlung* zusammen mit ihren Beständen, die einen Bezug zu kolonialen Kontexten haben könnten, einer Provenienzprüfung. Die Untersuchung zeigte, dass es sich nicht um koloniale Beutekunst handelt, denn Müller erwarb die Objekte legal, und er dokumentierte sie sogar in einer noch vorhandenen Handschrift (Cod. Sang. 1278).[95] Gleichwohl verweist das Körbchen auf die komplexen historischen Zusammenhänge, in denen solche Gegenstände nach Europa gelangten. Sie sind Teil von Netzwerken, die neben Neugier und Wissensdurst auch von Ausbeutung geprägt waren.

So erzählt ein unscheinbares Bastkörbchen eine viel grössere Geschichte: von globalem Austausch, von der Rolle der Ostindien-Kompanie, aber auch von individuellen Biografien wie jener Georg Franz Müllers, der zwischen Abenteuerlust, Gewalt und Sammelleidenschaft stand. Für die heutige Betrachtung bleibt die Herausforderung, die Bewahrung solcher Objekte als kulturelle Zeugnisse zu gewährleisten und ihre kolonialen Kontexte zu reflektieren. (Ulrike Ganz)

SCHEPENESE UND DIE STIFTSBIBLIOTHEK

Die Mumie der ägyptischen Priestertochter Schepenese († um 600 v. Chr.) mit ihren zwei schönen Holzsärgen befindet sich seit 1820 in der Stiftsbibliothek (Inv. Nr. 788–799). Ihre Geschichte ist mit dem wachsenden Interesse an der altägyptischen Kultur und dem Aufschwung der Ägyptologie seit dem Anfang des 19. Jahrhunderts verbunden. Die Mumien, die damals nach Europa gelangten, haben die Begeisterung dafür gefördert. Schepenese ist ein Beispiel dafür.[96]

Mit Blick auf die kolonialen Kontexte ist zu beachten, dass Ägypten 1820, als Schepenese entdeckt und nach St.Gallen gebracht wurde, keine Kolonie war, sondern eine Provinz des Osmanischen Reichs. Das Land befand sich in der Hand des selbstbewussten, in Nordgriechenland geborenen Vizekönigs Muhammad Ali Pascha (1770–1849), der es 1801 von den Franzosen und 1807 von den Engländern befreit hatte und anschliessend fast ein halbes Jahrhundert mit eiserner Faust regierte. Muhammad Ali war interessiert an europäischem Know-how, mit dem er die ägyptische Wirtschaft strukturell zu verbessern und gleichzeitig neue Märkte zu erschliessen suchte. Daneben führte er aber auch mehrere blutige Eroberungskriege und brachte sogar das Osmanische Mutterreich unter dem Sultan Mahmud II. (1785–1839) in Bedrängnis.[97]

Die Europäer, die in dieser Zeit ins Land kamen, interessierten sich für den Handel, etwa mit Baumwolle – gerade in St.Gallen ein wichtiger Rohstoff –, aber auch mit Pferden. Und sie kauften ägyptische Altertümer, die ihnen von den Einheimischen zum Kauf angeboten wurden.[98] Dadurch entwickelte sich ein Antiquitätenmarkt. In diesem Zusammenhang ist Schepenese nach St.Gallen gekommen. Einige Details dazu erfahren wir aus einem zeitgenössischen Bericht des reformierten St.Galler Theologen und Lehrers Peter Scheitlin (1779–1848).

Demnach erhielt der St.Galler Landammann Karl Müller-Friedberg (1755–1836) am 30. Januar 1820 eine briefliche Mitteilung des deutschen Kaufmanns Philipp Roux de Damiani (1791–1857) aus Alexandrien. Er habe eine der schönsten Mumien mit ihren Doppelsärgen aus Oberägypten erwerben können, die er ihm gerne nach St.Gallen zukommen lasse.[99] Aus den Quellen wird nicht klar, ob Müller-Friedberg das Sargensemble kaufte oder als Geschenk erhielt. Leider erfahren wir auch nichts Genaueres über die Fundstelle und die Umstände, unter denen die Mumie ihrem Grab oder Grabdepot entnommen wurde.[100]

Die Ägyptologin Renate Siegmann vermutet aufgrund der Sarginschriften ein unterirdisches Depot in der Hypostylhalle der südlich gelegenen Hathorkapelle des Hatschepsut-Tempels als Herkunftsort. Dort wurden später (1857/58) gut dokumentierte Särge aus der gleichen Zeit und dem gleichen Umfeld ausgegraben.[101] Der kürzlich verstorbene Jan Assmann vermutete, dass das Ensemble von Schepenese von den damaligen Bewohnern inmitten der Nekropole von Theben-West entnommen und verkauft wurde.[102] Zur Rolle der Europäer ergänzte er: «Nicht als Grabräuber, aber als Anstifter, Vermittler und Endabnehmer trugen die Europäer zur Plünderung und Zerstörung der ägyptischen Gräber bei.»[103]

Direkt oder indirekt gelangte Schepenese so in die Hand des erwähnten deutschen Kaufmanns Roux, der sie nach Alexandrien brachte und von dort per Schiff und Fuhrwerk auf die Reise zu Müller-Friedberg nach St.Gallen schickte. Das grosse Paket wurde in den Häfen von Alexandrien und Triest, an der Grenze zum Tirol und schliesslich auch in Feldkirch von Beamten als Handelsware geöffnet und kontrolliert, bevor es Anfang August 1820 das Lager einer Speditionsfirma in St.Gallen erreichte.[104]

Die Ankunft Schepeneses löste Aufsehen unter der gebildeten St.Galler Bevölkerung aus und weckte das Interesse für die alten Ägypter.[105] Vor allem Peter Scheitlin (1779–1848), der von 1805 bis 1833 als Lehrer für Philosophie und Naturkunde am städtisch-reformierten Gymnasium wirkte, befasste sich nach bestem Wissen der Zeit mit der Mumie und ihren Särgen (vgl. unten, S. 60–63). Sein Umgang damit war von aufklärerischem Wissensdurst genährt, aber doch auch vorsichtig und respektvoll. Das Auspacken und die teilweise Auswicklung der Mumie aus ihren Leinenbinden, «insoweit es zulässig schien» (vgl. unten, S. 60), wurden am 16. und 17. August 1820 durch mehrere Naturwissenschaftler und Ärzte durchgeführt und von Scheitlin schriftlich festgehalten.

Bereits im November 1820 entschloss sich Müller-Friedberg als Besitzer des Sargensembles, dieses als Leihgabe der Stiftsbibliothek zu übergeben. Deren Behörde, der katholische Administrationsrat, versprach, dass der gläserne Sarg der Mumie «unverletzt erhalten und mit einem Tuch bedeckt» und die Särge «vor Staub und Degradation» geschützt werden.[106] Mit der Überführung in die Bibliothek knüpfte Müller-Friedberg bewusst oder unbewusst an die Wunderkammer-Tradition der Bibliotheken an. Am 15. Juni 1836, wenige Wochen vor seinem Tod, verkaufte er alles für die ansehnliche Summe von 440 Gulden an den Katholischen Konfessionsteil, wodurch der dauernde Verbleib Schepeneses in der Stiftsbibliothek gesichert war.[107] So gelangte sie in eine Bibliothek, die sie direkter als ein Museum mit emotionalen und spirituellen Wissensräumen verbindet.[108]

Wie gross das Interesse in St. Gallen an der ägyptologischen Forschung war, zeigt der bereits 1834 und 1835 erfolgte Ankauf der 35 Bände der zweiten Auflage der *Description de l'Égypte* (1820–1829) durch die Stiftsbibliothek.[109] Sie kosteten 1038 Gulden, mehr als das Doppelte des Preises der Mumie. Als früher Vermittler ägyptologischen Wissens an das interessierte Publikum wirkte in der Stadt gegen Ende der 1820er-Jahre neben Peter Scheitlin auch der junge liberale Pfarrer und Publizist Johann Jakob Bernet (1800–1851). Sein Werk *Die Menschheit auf ihrem Schiksals- und Bildungsgange während der vier ersten Jahrtausende* befasste sich auf 75 Seiten ausführlich und geradezu bewundernd mit den Ägyptern, ihren Einbalsamierungstechniken, Obelisken, Pyramiden, Grabkammern und der Stadt Theben.[110] Das Werk war gleich am Anfang mit ansprechenden und exakten Darstellungen der Mumie der Schepenese bebildert, einmal der geöffnete innere Sarg (bei Seite 4) und einmal der innere Sargdeckel von aussen (bei Seite 10). Die beiden Stiche sind die frühesten Darstellungen des Ensembles, wenige Jahre nach dessen Ankunft.

Schepenese und ihre Särge gehören zu den frühesten in die Schweiz gelangten altägyptischen Kulturgütern. Sie sind sehr gut erhalten und wissenschaftlich untersucht. Bereits im zweiten Jahrgang der renommierten Zeitschrift für ägyptische Sprache und Altertumskunde 1864 berichtete ein nicht weiter bekannter T. Zindel über die Mumie und die Inschriften auf ihrem Innensarg. Den Namen entzifferte er als Sepunt-n-Isi.[111] 1934 verbesserte der Ägyptologe Hugo Müller die Lesart zu Schep-en-ese und identifizierte ihren Vater Pestjenfi im Ägyptischen Museum Berlin.[112] Lange waren Schepeneses Särge gut sichtbar bei den Pilastern am nördlichen Ende des Bibliothekssaals aufgestellt, mit der Mumie selbst direkt davor. Später wurden die Särge in die Fensternischen verschoben, während der Glassarg in der Mitte des Saals blieb.

1993 wurde im Rahmen einer Ausstellung im Kulturama Zürich Pilzbefall an der Mumie festgestellt, worauf sie im Anthropologischen Forschungsinstitut Aesch behandelt und gereinigt wurde. Am 15. Juli 1994 kam sie zurück in den Bibliothekssaal.[113] Im Anschluss daran wurde 1995 das Ensemble in die Nordostecke des Saals verschoben und die Präsentation zurückhaltender gestaltet. Dabei waren auch Überlegungen zum sensiblen Umgang mit menschlichen Überresten wegleitend. Die Särge wurden auf Podesten platziert, um sie besser zur Geltung zu bringen, und eine Kordel sichert seither einen angemessenen Abstand.[114]

Frühere Präsentation von Schepenese mit ihrem Innensarg seitlich der nördlichen Türen der Bibliothek.
St. Gallen, Stiftsbibliothek, Fotosammlung, Historische Aufnahmen Barocksaal

Auch wissenschaftlich wurde Schepenese damals neu bearbeitet. 1998 erschien eine von Peter Müller und Renate Siegmann verfasste Monografie, die heutigen Standards entspricht.[115] Dafür wurden winzige Teilchen vom Holz der Särge und von den Leinenbinden um die Mumie durch Georges Bonani von der ETH in Zürich mit der C-14-Methode datiert, es entstanden Röntgenbilder und eine Computertomografie. In Aufsätzen wurden 2014 und 2025 auch die Organpakete vorgestellt, die zwischen den Leinenbinden auf den Beinen gefunden wurden.[116] Und 2022 erstellte ein Team um den Ägyptologen Michael Habicht aufgrund der computertomografischen Daten eine forensische Rekonstruktion des Haupts, die breite Beachtung fand.[117]

Heute sind die folgenden Einzelheiten zur Person von Schepenese gesichert: Sie lebte zu Beginn der 26. Dynastie um 650 bis 610 vor Christus und gehörte zu einer Familie der einflussreichen thebanischen Amunpriesterschaft. Sie war verheiratet, ihre Eltern waren der Gottesvater des Amun Pestjenfi und die Mutter Tabes. Schepenese starb mit etwa 30 Jahren, die Todesursache ist unbekannt. Die Mumie in ihren beiden Särgen aus Tamariske (aussen) und Sykomore (innen) wurden vermutlich in einem unterirdischen Depot der Hathorkapelle des Hatschepsut-Tempels von Deir-el-Bahari zusammen mit den Särgen des Pestjenfi und einer weiteren Person bestattet. Das kostbare Sargensemble mit der Mumie des Vaters befindet sich heute im Ägyptischen Museum Berlin.[118]

Die aktuelle Präsentation von Schepenese mit ihren Särgen in der Nordost-Nische der Bibliothek.

Die Diskussion um Kulturgüter aus kolonialen Zusammenhängen hat in den letzten Jahren auch die ägyptischen Mumien erreicht.[119] Dabei werden Restitutionsfragen oft auch mit der Kritik an der Ausstellungpraxis dieser menschlichen Überreste verbunden – obwohl diese sich nicht von derjenigen im Herkunftsland Ägypten unterscheidet.[120]

Im Herbst 2022 erlebte die Stiftsbibliothek diesbezüglich eine heftige Kontroverse. Nach eingehender Prüfung zeigte sich, dass sich Schepenese in Übereinstimmung mit der geltenden internationalen und nationalen Kulturgütergesetzgebung in der Stiftsbibliothek befindet und eine Restitution nach Ägypten keinen Sinn ergibt. Was die Präsentation betrifft, verfolgt die Bibliothek die aktuelle Diskussion um das Ausstellen menschlicher Überreste in Museen aufmerksam. Als Folge der Diskussion wurde die Kontextualisierung im Raum ergänzt.

Die anspruchsvolle Frage der angemessenen Präsentation wurde Ende August 2025 in einem Expertengespräch diskutiert, das die Stiftsbibliothek mit Verantwortlichen von Sammlungen mit Mumien aus der ganzen Schweiz durchführte. Dieser Austausch soll 2026 fortgeführt werden. Ziel ist es, die Mumien in den Museen und Bibliotheken der Schweiz als Zeugnisse der Wissens- und Kulturgeschichte über Jahrhunderte hinweg zu erhalten. Denn sie gehören zu den eindrücklichsten Brücken zur Vergangenheit, indem sie die Erinnerung an die Menschen einer untergegangenen Kultur wachhalten. (Cornel Dora)

PETER SCHEITLIN ZUM TRANSPORT DER MUMIE MIT IHREN SÄRGEN UND DER ERSTEN UNTERSUCHUNG 1820

Aus dem Nachlass von Peter Scheitlin in der Vadianischen Sammlung der Ortsbürgergemeinde.[121]

[S. 1] Schon am 30. Januar d. J. [1820] meldete dem [Herrn Landammann Müller von Friedberg] ein vordem in Egypten niedergelassener Deutscher, der von den ersten Jugendjahren an der werthe Freund seines Hauses war, die Absendung einer Mumie als Zeichen unverwelklicher freundschaftlicher Anhänglichkeit: Es habe ihm geglückt, sagte er, sich in den Besitz dieser Mumie zu setzen, die eine der schönsten sey, welche noch in Oberegypten aufgefunden worden und deren Bedeutung schon der doppelte Sarg und dessen Verzierung bezeuge. Der Zustand der übrigens unentwickelt gebliebenen Mumie ward schon in Alexandria und dann in Triest durch Eröffnung beyder Särg sorgfältig erwahret. Das gleiche erlaubte sich unbefugt an dem bloss transitierenden Collo [= Frachtstück] die Mauthstelle an der tyrolischen Einkunftsstation und eben darum verlangte der Fuhrmann zu seiner Rechtfertigung die gleiche Erwahrung bey der Abgabe zu Feldkirch. Im August ward endlich die 6 Zentner schwere Ciste bey

[S. 2] einem angesehenen Handelshaus hiesiger Stadt abgegeben, doch erst am 16. in Beyseyn des H[errn] Statthalters des schweren inneren Gewichts halber auseinandergezerrt und beyde Särge eröffnet. Die Mumie stellte sich in ihrer künstlichen und vielfachen Verhüllung ganz unversehrt dar. Tags darauf ward sie behutsam aus dem Sarge genommen und zu ihrer endlichen Entwicklung, insoweit es zulässig schien, in Gegenwart der Professoren der Physik von Luzern und hier [St. Gallen] und anderer den Naturwissenschaften ergebener Männer geschritten. Herr Dr. Sinz übernahm das schwierige Geschäft und besonders ward der dicke und harte Guss von Asphalt sehr glücklich und ohne Berührung von dem Haupt genommen oder vielmehr gesprengt. Nur auf dem Scheitel ward etwas von dem Aufgusse als Authentica beybehalten.

[Unten in der gleichen Hand, mit etwas Abstand und in längeren Zeilen]:

Diese historischen Notizen, so oder anders, da oder dort gesagt, scheinen mir über die Herkunft der Mumie nicht unwichtig. Dann würde ich zur Beschreibung übergehen: [S. 3] Und zwar zuerst des äusseren, dann 2) des inneren Sargs, 3) der Entwicklung, wobey von der Präparation gesprochen werden kann, und 4) der Mumie selbst.

1) Vielleicht könnte bey den Särgen das Mass beygefügt werden. Man schreibt mir absichtlich, dass der äussere Sarg, in dem die Mumien in den Catacumben oder Begräbnissen unter den Piramiden, wovon die grösseren Überbleibsel einige Stunden von Cairo gegen Memphis zu sehen sind, aufgestellt waren, so alt sind als die Mumien selbst, also 3 und 4000 Jahre.

Der äussere Sarg scheint des röthlichen Holzes wegen von Ceder zu seyn. Das Holz liegt unbedeckt da. Nur die Fugen und Spälte finde ich mit einem kalchartigen Lehm / salvo mediani / zugestopft. Die Nägel [S. 4] sind auch von Holz. Oben am Deckel ist ein zollastrischer [= zoroastrischer] Kopf, mit dem altegyptischen Frouwenkopfhut zu en relief geschnitzelt, angebracht und einer breiten, sehr verzierten Brustabdeckung hinzugemalt. Für dieses Alterthum haltet man das Gemälde für sehr gut erhalten, doch mag es auf der Reise, obschon gut emballiert, etwas gelitten haben. Im Grunde des Sargs ist ein Frauenbildnis mit einem Vogel / wahrscheinlich dem Ibis / skizziert.

2) Der innere Sarg scheint aus einem Stück gehauen, wie es bey voranzumal geübt ward. Vermuthlich ist er von wildem Feigenbaum oder dem egyptischen Ahorn (Sycomoren), weil man diese Holzarten für kostbar hielt und besonders geeignet, der Aussenluft zu widerstehen. Die Merkmale zeigen deutlich, dass der Deckel mit einem eigenen fedigten [wohl fädigen, viele Fäden ziehenden] Leim und einer die Fuge bedeckenden Bande zugekleistert war. Von innen und aussen [S. 5] ist er mit einer kalchartigen Farbe gegrundet. Oben am Platze des Haupts findet man den gleichen Kopf en relief und eben die Zierrathen wie am äusseren [Sarg], doch besser behalten. Im Übrigen ist dieser Sarg innen und aussen ringsum mit einer Menge sich noch gantz frisch darstellenden Hierogliphen bemalt und mit architektonischen Figuren, die wahrscheinlich auf das Innere der Pyramiden Bezug haben. Innwendig im Deckel ist das im äusseren Sarg bloss ebontzierte [= evozierte] Bildnis so eintreffend / doch wie es die Kunst in jener Zeit erlaubte / ausgemahlt, dass man nicht bezweifeln kann, es sey die Verstorbene selbst abgebildet worden. Beyde Särge, seit mehrern Wochen offen der freyen Luft ausgesetzt, den Aromengeruch noch stark beybehalten.

3) Die Entwicklung [= Auswicklung] war eine interessante, der Beschreibung [S. 6] würdige Handlung, die gleich viel Muth, Sorgfalt und Geschicklichkeit erforderte. Das Gewebe und seine Wohlerhaltenheit nach Tausenden von Jahren ist merkwürdig; an dem Alterthum ist nicht zu zweifeln, da es oben von dem asphaltischen Aufgusse zusammengefasst und die Augen eben mit dem Zeuge ausgefüllt sind. Die nützliche Kunst der Weberey war der Malerey weit vorangeschritten.

Des Netzes, das über der Mumie lag, seiner Substanz, der hierogliphischen Figuren oder Hausgötter / ? / [sic], die daran hiengen, ist nicht zu vergessen. Ein ähnliches Netz umflichtet im Gemälde den ganzen Cörper.

Die Entwicklung führt auf ein Wort über Präparation der Mumie. Herodot beschreibt 3 Weisen derselben und hier trifft die erste und kostbarste derselben [S. 7] ein. Auch widerfuhr nur solchen der vornehmsten Caste, die Ehre, in den Piramiden und Catakomben niedergelegt zu werden. Die egiptischen Mumien sind mit den in den Sandwüsten von Lybien und [... (unleserlich)] ausgetrockneten Cörpern nicht zu vergleichen.

4) Die Mumie selbst, ihre dermalige Entblössung, die Weise, wie sie aufbewahret wird, scheint mir das letzte zu beschreiben, insoferne noch etwas zu beschreiben übrig bleibt. Der Eigenthümer hat sie der ehemaligen Stiftsbibliothek zur Schauausstellung übergeben.

Das Bildnis und die Cöpfe auf den Särgen bezeigen das Geschlecht. Das Alter geben die Experten nur mit 16 bis 18 Jahren an.

Die Länge der Mumie könnte auch berührt [im Vortrag behandelt] werden. (Transkription Karl Schmuki und Cornel Dora).

St. Gallen, Vadianische Sammlung der Ortsbürgergemeinde, Nachlass Peter Scheitlin, VadSlg NL 204/7.9, S. 1
Papier, 7 Seiten
Foliobögen
St. Gallen (Peter Scheitlin), 1820

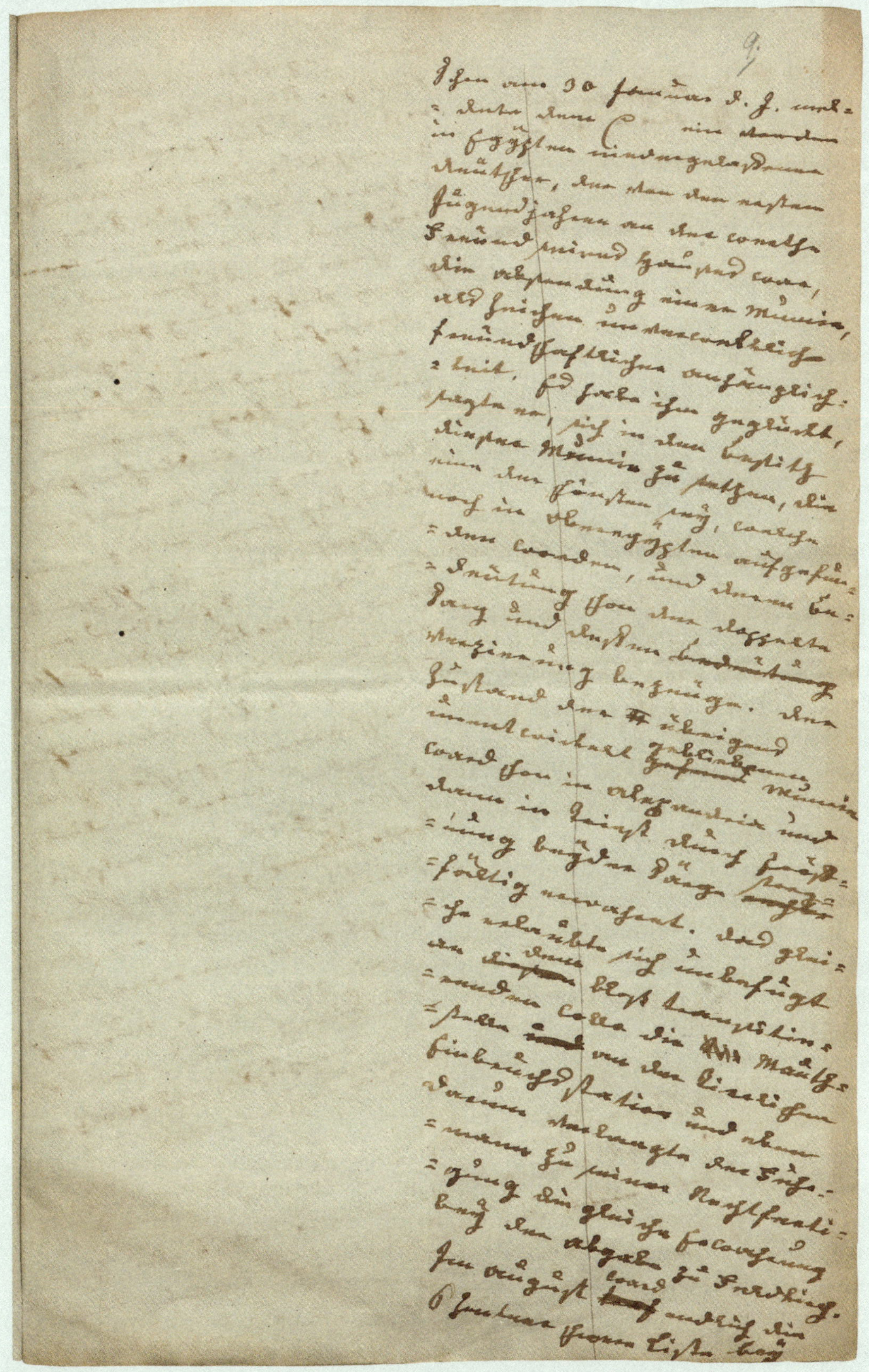

DIE MUMIE ALS BUCH

Unter Bibliotheksmumien werden generell mumifizierte Menschen verstanden, wobei es aber auch mumifizierte Tiere gibt, so etwa das Bibliothekskrokodil. Ein solches gehörte oft zu einer frühneuzeitlichen Bibliothek. Schon Anfang des 17. Jahrhunderts brachte Ulrich Krom (1587–1637) ein Krokodil von seiner Ägyptenreise in die Stadt St. Gallen und verkaufte es dem hiesigen Kaufmann Daniel Studer (1585–1648), der es wiederum der Stadtbibliothek schenkte. Ein Bericht aus dem Jahr 1754 erwähnt, dass das Krokodil an der Decke gehangen habe.[122] Auch in der Stadtbibliothek Zürich wurde neben dem Sägefisch ein Krokodil auf diese Art präsentiert.[123]

Mumien – und damit sind nun menschliche Mumien gemeint – waren integraler Bestandteil von Renaissance- und Barockbibliotheken. Gemäss dem Kulturwissenschaftler Erich W. Steinhauer können Bibliotheksmumien als eine «‹haptische Erweiterung› der bloss gedruckten Inhalte» verstanden werden. Sie «bildeten im Zusammenspiel mit den Büchern ein geschlossenes epistemologisches Ensemble».[124] Mumien waren also, so Steinhauer, eine Erweiterung oder Ergänzung des Bücherwissens.

Weiter lassen sich Mumien auch als Vanitassymbol lesen. Sie sind damit eine Erinnerung an die Vergänglichkeit alles Irdischen, ähnlich wie Reliquien in katholischen Kirchen, wobei Mumien in Bibliotheken keine Wirkmacht zugeschrieben wird. Mumien können zudem, so Steinhauer, als Symbol für die Unvergänglichkeit menschlicher Gedanken und menschlichen Wirkens in Büchern verstanden werden.[125] Dies gilt besonders für die ägyptischen Mumien, denen mit Papyri in den Bandagen und Sargtexten diese Ewigkeit buchstäblich eingeschrieben ist.

Schepenese in der Stiftsbibliothek St. Gallen ist eine der prominentesten Bibliotheksmumien, aber nicht die einzige. In Europa werden in Wien in der Bibliotheca Theresiana und im Mechitaristenkloster bei den armenischen Benediktinern ägyptische Bibliotheksmumien präsentiert. Letztere verfügen auch in ihrem geistigen Zentrum auf San Lazzaro bei Venedig über eine Bibliotheksmumie. Wie Schepenese kamen sie alle in den ersten Jahrzehnten des 19. Jahrhunderts, also in der Zeit der Entstehung der Ägyptologie (vgl. oben, S. 54), nach Europa.[126] Weiter werden in der Bibliothek des archäologischen Museums in Lissabon drei Mumien präsentiert: zwei peruanische Mumien (Chancay) des 15./16. Jahrhunderts und eine ägyptische Mumie aus der Ptolemäerzeit (ca. 2./3. Jh. v. Chr.).[127] Über St. Gallen, Wien, Venedig und Lissabon hinaus sind an die 40 Bibliotheksmumien historisch belegt, vorwiegend über Reiseberichte aus dem 18. und 19. Jahrhundert: in Europa, aber auch in den USA und in Kairo.[128] (RUTH WIEDERKEHR)

Andreas Gerber,
Hasle-Rüegsau
1993
Fotografie
St. Gallen, Stiftsbibliothek
Fotosammlung

Die Särge der Schepenese sind 1993 in den Fensternischen des Bibliotheksaals ausgestellt, im Vordergrund der reich verzierte und beschriftete Innensarg.

BENEDIKT ZÄCH

DIE MÜNZSAMMLUNG ALS BAROCKE ZEITKAPSEL 4

Das Überbleibsel der einstigen Wunderkammer der ehemaligen Abtei St.Gallen, das am besten erhalten ist, ist die Münz- und Medaillensammlung. Sie zählt heute noch rund 3000 Stück und war im 18. Jahrhundert ein zentraler Teil des Raritätenkabinetts der Klosterbibliothek, der in fast allen Reiseberichten von Besuchern der Klostersammlungen erwähnt wird. Bis heute wird die Münzsammlung in einem eigens dafür angefertigten Schrank, mit «Numophylacium» angeschrieben, in der Handschriftenkammer des 18. Jahrhunderts aufbewahrt.

Zwar gibt es Hinweise auf einzelne frühere Schenkungen an die Klosterbibliothek, aber der Aufbau eines eigentlichen Münzkabinetts erfolgte erst unter Abt Joseph von Rudolphi (1666–1740, Fürstabt 1717–1740).[129] Wohl nicht zuletzt unter dem Eindruck der grossen Verluste der Bibliothek im Toggenburger Krieg von 1712 und dem Exil des Klosters[130] beschloss er, im Rahmen einer Wunderkammer (oder eines Raritätenkabinetts) eine Münzsammlung aufzubauen, die als *Anima Historiae* («Seele der Geschichte») dienen sollte, während die Bücher der Bibliothek vor allem als *Armamentarium* («Rüstkammer») eingesetzt werden sollten, um im religiösen Kampf *wider die sicht- und unsichtbildliche Feind zu streiten subministriert* [d. h. zur Hand gegeben] zu werden.

Bereits 1727 gab Rudolphi 150 Gulden für Gold und Silbermünzen aus und 1730 kamen der Bibliothek *etwas* [...] *in alten silbernen Münzen* aus einem Schatzfund im Hätterenwald am St.Galler Rosenberg zu.[131] In den letzten Jahren seiner Herrschaft waren es über 1000 Münzen, *unter denen,* wie schon der Bibliothekar jener Zeit bemerkte, *viele falsche waren.* Rudolphi holte sich im November 1738 auch Hilfe eines *wol erfahrene[n] Hr. Sulzer von Winterthur,* der ihm half, das Münzkabinett einzurichten und zu ordnen.

Erst kürzlich gelang es, diese Person zu identifizieren: Es handelt sich um Jacob Sulzer (1697–1774), ein V. D. M. (Verbi Domini Magister) und Münzsammler, der bis zu seinem Tod eine grosse Sammlung römischer und griechischer Münzen, insgesamt 4358 Stück, aufbaute,[132] die über seinen Bruder und Erben, Johann Kaspar Sulzer (1716–1799),[133] Hofrat beim Herzog von Gotha, im Jahr 1793 an das dortige Münzkabinett verkauft wurde. Bereits 1777 hatte Johann Kaspar Sulzer die Münzsammlung seines Bruders erstmals publiziert.[134] Jacob Sulzer scheint übrigens 1741/42 nochmals mit dem Stift St.Gallen in Kontakt gekommen zu sein; ob er sich dort wieder mit der Münzsammlung beschäftigte, ist unklar. Später zog er sich auf ein Landgut bei Aarau zurück.

Mit Rudolphi und Sulzer zeigt sich eine zeittypische «Fazinationsgemeinschaft»[135] von Münzenthusiasten. Sie beruht nicht auf einsamem Sammlertum, sondern auf dem wissenschaftlichen Austausch mit Gleichgesinnten, auf brieflichem Weg und über Besuche, wo der gemeinsame Erfahrungsraum abgesteckt wurde und sich neue Erkenntnisse formten. Leider fehlt uns in diesem Fall eine Überlieferung in Form von Briefzeugnissen.

Das Numophylacium aus dem 18. Jahrhundert mit der Münzsammlung in der Handschriftenkammer der Stiftsbibliothek.

Auch unter den Nachfolgern von Rudolphi wurde die Münzsammlung weiter ausgebaut, wenn auch nicht mit der gleichen Intensität. Erst zwischen 1780 und 1792, unter Bibliothekar P. Johann Nepomuk Hauntinger, setzten offenbar wieder systematische Ankäufe ein, insgesamt mindestens 83 Münzen und Medaillen.[136] Die grossen Katalogisierungsarbeiten in den 1790er-Jahren waren zudem der erste Anlauf, die Sammlung zu erschliessen (vgl. unten, S. 72).

Nach 1805 kam die Arbeit in und mit der Sammlung zum Erliegen. Das nächste Sammlungsverzeichnis des Bestandes der römischen Münzen (1863) stammt von Lehrer Paul Immler (1812–1866), der auch der erste archäologische Forscher im Kanton St. Gallen war. 1878 folgte ein grobes Verzeichnis der modernen Münzen, das sehr wahrscheinlich durch Stiftsbibliothekar Johann Nepomuk Idtensohn (1827–1892, Stiftsbibliothekar 1876–1892) angelegt wurde. Neuerwerbungen gab es so gut wie keine mehr und die Neueingänge wurden, wie die aktuelle Bestandesaufnahme durch den Schreibenden zunehmend zeigt, nicht mehr verzeichnet, sondern einfach in einer Schublade abgelegt. Das ganze 19. Jahrhundert und die erste Hälfte des 20. Jahrhunderts hindurch lag die Münzsammlung schliesslich im Dornröschenschlaf.

Der letzte Anlauf, die Sammlung notdürftig zu bearbeiten, war 1939 ein Arbeitsauftrag an den Thurgauer Lehrer und Münzsammler Josef Sager (1905–1964) im Rahmen der Vorbereitungen für eine Kriegsauslagerung. Sager trat in der ganzen Ostschweiz als Münzexperte in Erscheinung und kam in seinem Gutachten zum Schluss, es dürfe *mit gutem Gewissen an die Liquidation der Sammlung herangetreten werden;* er schlug vor, die Fälschungen zu entsorgen. Ganz uneigennützig war dies nicht, bot Sager doch gleichzeitig an, für ihn interessante Teile käuflich zu erwerben.[137] Zum Glück lehnte die Katholische Administration diese Vorschläge ab.

Der grosse Effort der Katalogisierung zwischen 1791 und 1794, der prächtige Handschriften der Junior-Fratres zur Folge hatte, war der letzte grössere Eingriff in die Sammlung, was die Bearbeitung angeht. Ein grosses Glück war es zudem, dass die Münzsammlung auch nach der Auslagerung ins Exil (1797/98–1804) offenbar nie durcheinandergebracht wurde oder Verluste erlitt. Auch unter dem neuen Regime (zuerst Kanton, dann Katholischer Konfessionsteil) kam es nicht zu grossen Ordnungsarbeiten. Das quellenkritische 19. Jahrhundert mit seiner Jagd nach dem, was man gegenüber den «reinen» Quellen als Verfälschungen betrachtete, verschonte daher die Münzsammlung, weshalb die Fälschungen und Erfindungen im ursprünglichen barocken Sammlungskontext verblieben und nicht separiert oder, wie sonst in anderen Sammlungen so häufig, ganz entsorgt wurden.

Im Zustand, in dem sie bis heute fast unangetastet verblieben ist, ist die Münzsammlung der Stiftsbibliothek daher eine einzigartige Zeitkapsel barocker Gelehrsamkeit. Mir ist keine andere Klostersammlung, weder in der Schweiz noch in Österreich, bekannt, die derart im Zustand des späten 18. Jahrhunderts konserviert worden ist. Mit ihren Fälschungen und Erfindungen namentlich antiker Münzen ist die St.Galler Sammlung deshalb aus Sicht der Wissensgeschichte ein wertvolles Zeugnis des Wissens- und Irrtumsstands der numismatischen Kenntnisse kurz vor Ende des Ancien Régime und der allmählichen Entwicklung des Fachs zu einer kritischen Wissenschaft.

Eine Tafel aus der Münzsammlung
18. Jahrhundert
St.Gallen, Stiftsbibliothek
Münzsammlung
Tafel 91

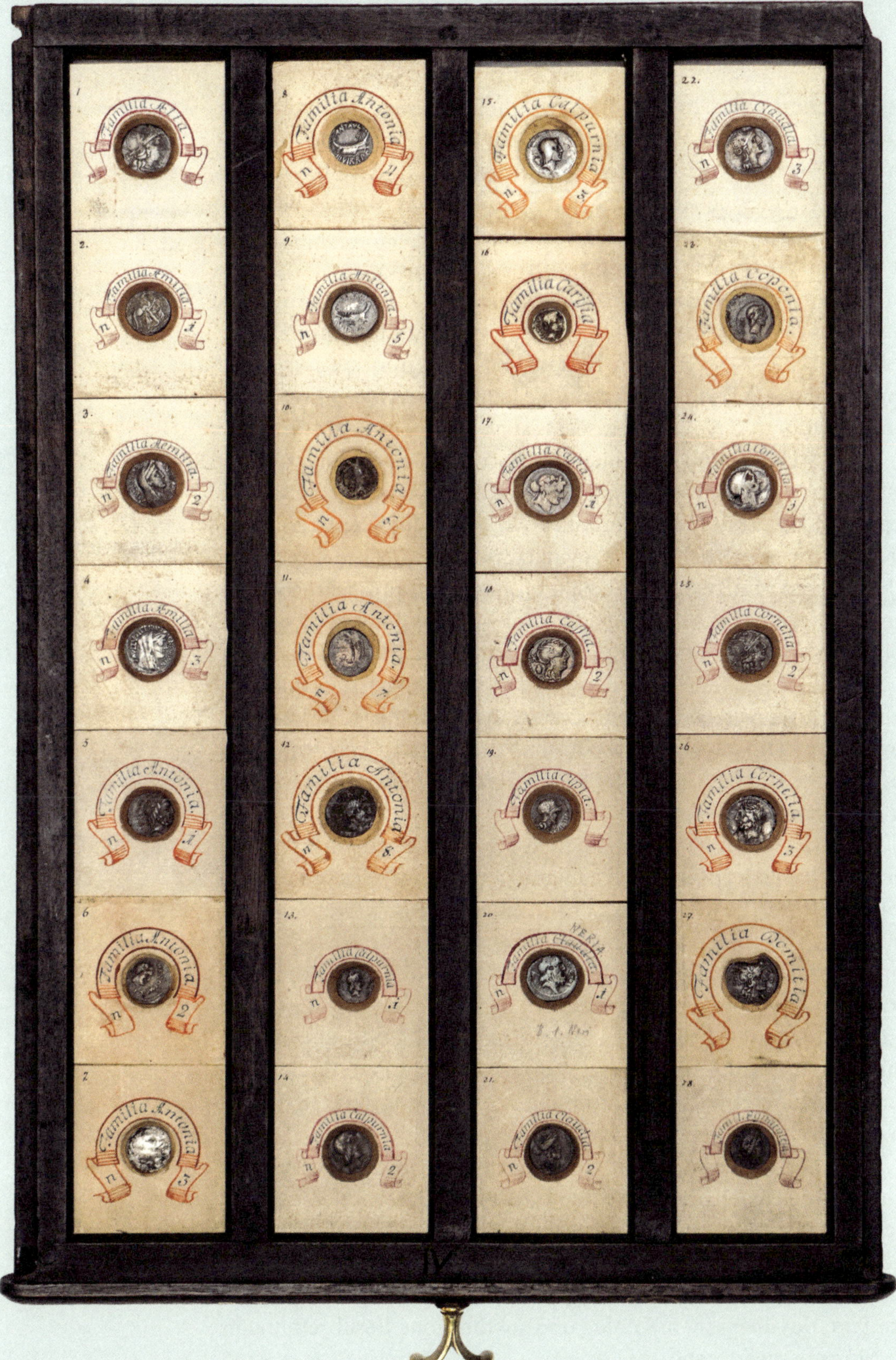

DIE ERSTE ERSCHLIESSUNG DER SAMMLUNG

Gegen Ende des 18. Jahrhunderts, zwischen 1791 und 1794, wurde die Sammlung erstmals katalogisiert, und zwar von teils anonym bleibenden *Fratres Iuniores* unter Anleitung von P. Anselm Kaspar (1768–1829), der 1798–1800 auch Unterbibliothekar wurde. Diese gelehrten Verzeichnisse waren als kalligrafische «Festschriften» gestaltet und mit prächtigen Widmungsblättern ausgestattet.[138] Die vier Bände römischer Kaisermünzen waren Fürstabt Beda Angehrn (1725–1796, Fürstabt 1767–1796) gewidmet,[139] andere dem Dekan Cölestin Schiess (1728–1798, Dekan 1767–1775 und 1783–1797)[140], dem Bibliothekar P. Johann Nepomuk Hauntinger (1756–1823)[141] und dem Subprior und Novizenmeister Joseph Bloch (1754–1799).[142]

Die Münzen und Medaillen sind in der traditionellen Ordnung systematisch verzeichnet (zuerst «Familienmünzen» der Römischen Republik, dann silberne und bronzene Münzen der Römischen Kaiserzeit sowie griechische und provinzialrömische Münzen, schliesslich moderne Münzen und Medaillen),[143] aber ohne direkten Bezug zur Legeordnung im Münzschrank. Zwei weitere Bände[144] scheinen Vorstufen und Entwürfe zu diesen Reinschriften zu sein. Sie sind, was wissenschaftsgeschichtlich besonders wertvoll ist, teils mit Literaturhinweisen versehen, die in den Reinschriften gänzlich fehlen. Ein letzter Band ist die Abschrift einer Publikation von Jean Dassier & Fils zu einer der Medaillensuiten dieser sehr produktiven Genfer Medailleure.[145]

Keiner dieser handschriftlichen Kataloge wurde in irgendeiner Form publiziert. Es waren kalligrafische und wissenschaftliche Übungsstücke, die in der Reinschrift sehr repräsentativen Charakter haben, aber in den Vorstufen und Entwürfen durchaus die wissenschaftliche Bemühung in den Vordergrund stellen. Spuren dieser Ordnungs- und Bestimmungsarbeit sind auch am Rand der Münzrahmen zu erkennen. Einerseits sind es Laufnummern, die einer Vorsortierung der Münzen dienten, andererseits sind auf wenigen Münzrahmen Bestimmungszitate aus der Referenzliteratur vermerkt.

Immerhin verfasste Anselm Kaspar 1794 in diesem Zusammenhang die erste Münzgeschichte der Fürstabtei St. Gallen, die aber erst 55 Jahre später publiziert wurde.[146] Sie ist ebenfalls Fürstabt Beda Angehrn gewidmet.[147] Es ist, von Ansätzen für längere Erläuterungen in den anderen Bänden abgesehen,[148] der einzige ausgearbeitete Text, der über einen Katalog und ausführliche Beschreibungen der Münzen hinausgeht.

St. Gallen, Stiftsbibliothek
Cod. Sang. 1494, S. 1
Papier, 131 Seiten
21 × 32.5 cm
Kloster St. Gallen
(Fratres Juniores), 1794

Musaei Sangallensis Numismata Antiqua Coloniarum Urbium Graecarum Syriae et Aegypti Regum et additis Ebreaorum Nummis Notis historicis illustrata. Pars IV. 1794.

«Antike Münzen des st.gallischen Museums der griechischen Kolonien und Städte, der Könige Syriens und Ägyptens, unter Hinzufügung der Münzen der Hebräer, erläutert durch historische Anmerkungen. Teil IV, 1794.»

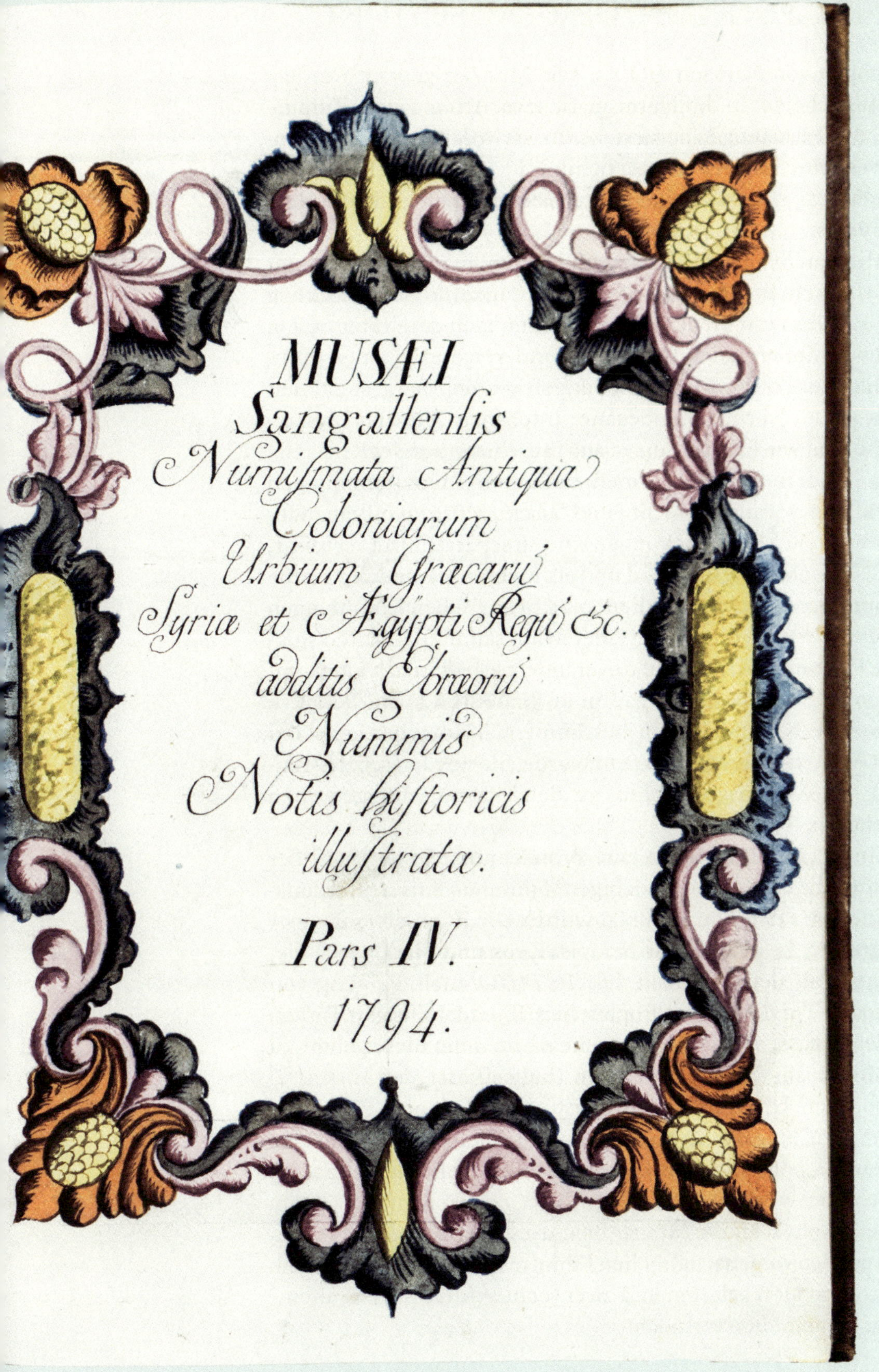

MUSÆI
Sangallenſis
Numiſmata Antiqua
Coloniarum
Urbium Græcarũ
Syriæ et Ægypti Regũ &c.
additis Ebræorũ
Nummis
Notis hiſtoricis
illuſtrata.
Pars IV.
1794.

DAS GESCHÄFT DER TÄUSCHUNG

Fälschungen von Münzen gibt es, seit Münzen geprägt werden. Man unterscheidet in der Numismatik zwei Arten davon. Zum einen werden Fälschungen hergestellt, um sie in den Geldumlauf einzuschmuggeln, das heisst, unter echte Münzen zu mischen. Diese Falschmünzen sind daher wichtige Zeugnisse des historischen Geldumlaufs.

Mit dem Blick der Wissens- und Sammlungsgeschichte interessant sind zum anderen hingegen Fälschungen, die der Täuschung von Münzsammlern dienen. Diese Fälschungen reagierten seit je auf einen Sammlermarkt, der nach besonderen und seltenen Münzen verlangte. Solche Münzfälschungen wurden hergestellt, seit man im 15./16. Jahrhundert begann, intensiver Münzen zu sammeln. Sie sind wie Falschmünzen auf Täuschung angelegt.

In modernen, professionell betreuten Münzsammlungen wird tunlichst vermieden, echte und falsche Münzen miteinander aufzubewahren; Münzfälschungen sind an separate Orte verbannt, wo sie als Anschauungsmaterial und als Referenzsammlung für die Erkennung von Fälschungen dienen. In historischen Sammlungen hingegen – dazu gehört die St. Galler Münzsammlung, deren spätbarocke Ordnung sich nahezu unverändert erhalten hat, – bekommen Sammlerfälschungen eine neue Bedeutung: Sie belegen, wann welche Nachfrage nach bestimmten Münztypen entstand und mit Münzfälschungen bedient wurde. Sie werden so zu Dokumenten der Wissensgeschichte, zu der Münzfälschungen eben auch gehören.

Ein solches Zeugnis ist eine Bronzemünze in der St. Galler Sammlung, die unter dem kurzlebigen römischen Kaiser (und Senator) Pupienus (238 n. Chr.) geprägt wurde. Die Rückseite mit einer Göttergruppe, bestehend aus Serapis, Zeus und Hera, weist sie, zusammen mit der Umschrift *PERINTHION*, als Prägung von Perinthos in Thrakien (im europäischen Teil der heutigen Türkei) aus.[149] Dazu passt aber die Vorderseite nicht, denn diese gehört zu einer Münze aus Tarsos in Kilikien (Südostküste der Türkei).[150] Diese sogenannte hybride Prägung ist vermutlich eine Fälschung des 17./18. Jahrhunderts, denn es ist unwahrscheinlich, dass ein Vorderseitenstempel in der Antike vom östlichen Mittelmeer an das Marmarameer «gewandert» ist.

Sehr wohl zeigt die Münze aber, dass Fälscher bereits in dieser Zeit auf den wissenschaftlichen Kenntnisstand der Numismatik und der Sammler reagierten und zwei «echte» Münzseiten miteinander zu kombinieren vermochten.

Bronzemünze des Kaisers Pupienus (238 n. Chr.), Tarsos (Kilikien), Vorderseite Perinthos (Thrakien), Rückseite, hybride Fälschung 17./18. Jahrhundert St. Gallen, Stiftsbibliothek Münzsammlung, Tafel 72.08 (oberste Reihe, 2. Münze von links)

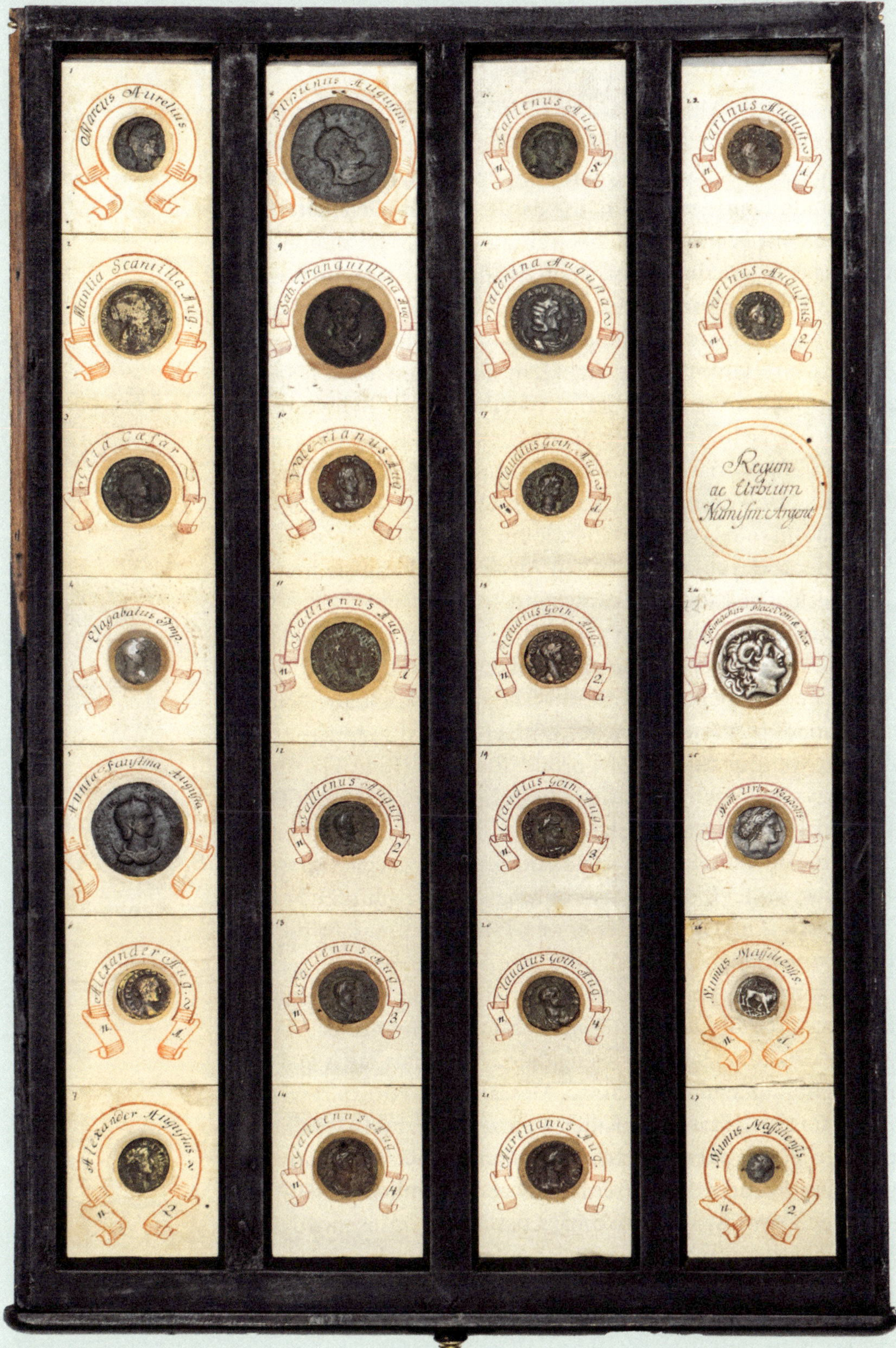

Marcus Aurelius.
Manlia Scantilla Aug.
Geta Caesar
Elagabalus Imp.
Annia Faustina Augusta.
Alexander Aug.
Alexander Augustus
Pupienus Augustus
Sab. Tranquillina Aug.
Valerianus Aug.
Gallienus Aug.
Gallienus August.
Salonina Augusta
Claudius Goth. Aug.
Aurelianus Aug.
Carinus Augustus
Regum ac Urbium Numism: Argent.

GELEHRTE ERFINDUNG: ARTEMISIA VON HALIKARNASSOS

Unter den antiken Münzen der St.Galler Wunderkammer gibt es Stücke, die im Original so nicht existieren, ohne dass man sie aber als Fälschungen mit Täuschungsabsicht ansehen sollte. Es sind gelehrte Erfindungen, geschaffen, um das Bedürfnis nach materiellen Zeugen von antiken Persönlichkeiten zu stillen, von denen keine Münzen überliefert sind. So sind sie Ausdruck des Wunsches, Lücken in den Quellen zur griechisch-römischen Antike zu schliessen.

Ein ansprechendes Beispiel dafür ist eine Bronzemünze von Artemisia von Halikarnassos im kleinasiatischen Karien (heute: Bodrum an der heutigen türkischen Westküste), der Schwester und Gattin des persischen Satrapen Maussolos (377–353 v. Chr.), der ab 367 v. Chr. Halikarnassos zu einer königsgleichen Residenz ausbauen liess. Nach dessen Tod errichtete Artemisia mit dem Grabmal von Maussolos, dem Maussoleion (Mausoleum), eines der Weltwunder der Antike, für dessen Ausschmückung sie hervorragende griechische Künstler beauftragte.

Bis zu ihrem Tod im Jahr 351 v. Chr. führte Artemisia die Herrschaft in Karien weiter und bewährte sich politisch wie militärisch als Herrscherin. Aber unter ihrem Namen wurden keine Münzen geprägt, sondern es wurde wohl einfach die Münzprägung von Maussolos weitergeführt. Als Vorbild für eine treue Gattin und Nachfolgerin blieb Artemisia im Gedächtnis der antiken Schriftsteller und kam im italienischen Humanismus zu einem breiten Nachleben. So widmete ihr bereits Giovanni Boccaccio (1313–1375) ein Kapitel in seiner Biografiensammlung «Von berühmten Frauen» (*De mulieribus claris*) und in der ersten Hälfte des 16. Jahrhunderts rühmten verschiedene Schriftsteller ihre Tugenden.

Es ist daher kein Wunder, dass italienische Medailleure des 16. Jahrhunderts, die sich mit Nachschöpfungen antiker Münzen beschäftigten, dem Wunsch nachgaben, Artemisia auch auf einer Münze wieder auferstehen zu lassen. Alessandro Cesati, der zwischen 1538 und 1561 als Gemmenschneider, Münzmeister und Medailleur in Rom tätig war, schuf eine solche, medaillenartige Bronzemünze. Sie zeigt auf der Vorderseite ein Brustbild von Artemisia im Witwenschleier nach dem Muster ptolemäischer Münzen; sie wird *BASILISSA* («Königin») genannt. Auf der Rückseite ist eine Darstellung des Maussoleions zu sehen, dessen Reste erst 1523 endgültig abgebrochen wurden, von dem aber keine antiken Darstellungen existieren; der Dachaufbau erinnert an das römische Pantheon.[151]

Die Münze ist somit eine reine Erfindung, aber gleichzeitig ein spannendes Zeugnis der Antikenrezeption im 16. Jahrhundert.

Bronzene Medaille der Artemisia von Halikarnassos, Nachschöpfung Vorder- und Rückseite Alessandro Cesati, um 1550/60 St.Gallen, Stiftsbibliothek Münzsammlung Tafel 76.08

Julius Caesar, Nachschöpfung des 16. Jahrhunderts (Sesterz, sog. Paduaner) eines römischen Denars des Münzmeisters Lucius Aemilius Buca aus dem Jahr 44 v. Chr., Giovanni Cavino (1500–1570) und Werkstatt, später Abguss. St.Gallen, Stiftsbibliothek Münzsammlung Tafel 19.02

2
C. Julius Caesar A. U. C.

PHILIPP LENZ | SILVIO FRIGG

5 ERFORSCHEN UND RESTAURIEREN

Die Erforschung der spätantiken und mittelalterlichen Handschriften der Stiftsbibliothek erfolgte über Jahrhunderte im Wesentlichen durch die Sichtung des Bestands und seiner Inhalte sowie durch die genaue Betrachtung von Schrift und Buchschmuck. Einen Meilenstein stellte die Verwendung von chemischen Mitteln zur Wiedersichtbarmachung verblichener und getilgter Schriften durch den Bibliothekar Ildefons von Arx (1755–1833) ab etwa 1816 dar. Da die Anwendung von Reagenzien häufig zu bleibenden Verfärbungen und Schäden am Pergament und zur dauerhaften Unlesbarkeit der Schriften führte,[152] erhoben sich im Verlauf der folgenden Jahrzehnte jedoch immer mehr Stimmen gegen deren Gebrauch. Auf einer denkwürdigen internationalen Konferenz in St.Gallen 1898 sprachen sich die Vertreter namhafter europäischer Bibliotheken gegen die Verwendung chemischer Mittel und stattdessen für den Einsatz der damals aufkommenden Palimpsestfotografie aus.[153]

Der Benediktiner und Chemiker P. Raphael Kögel, der später den Orden verlassen sollte, verbesserte diese Technik durch ein Ultraviolett-Fluoreszenz-Verfahren. Als Frucht davon publizierte das Palimpsest-Institut der Benediktinerabtei Beuron 1913 im ersten Band ihrer Reihe eine fotografische Wiedergabe eines Palimpsests der Stiftsbibliothek St.Gallen (Cod. Sang. 193).[154]

Rund hundert Jahre später entwickelten sich mit der digitalen Fotografie bessere Möglichkeiten zur Erforschung von getilgten Schriften. Die multispektrale Bildgebung, bei der eine Handschrift Belichtungen mit verschiedenen Wellenlängen ausgesetzt wird, ermöglicht es oft, die untere Schrift eines Palimpsests lesbar zu machen.[155]

Dank weiteren neuen Methoden, die auch an Handschriften der Stiftsbibliothek St.Gallen angewandt werden, können heute die Zusammensetzung von Tinten, Tuschen, Farbstoffen und Pigmenten sowie die Tierart und sogar die Herkunft der für das Pergament verwendeten Haut bestimmt werden.[156]

Die Restaurierung von Objekten und Handschriften stützt sich sowohl auf neue Techniken und Materialien als auch auf altbewährte Handwerkskunst. Die Reinigung eines Gegenstandes oder eine Firnisabnahme zeigen manchmal spektakuläre Ergebnisse, doch sind solche sichtbaren Eingriffe die Ausnahme. Denn normalerweise wird angestrebt, dass die Eingriffe des Restaurators möglichst wenig sichtbar sind. Erst die Dokumentation des Restaurators enthüllt dann die Art und das Ausmass des Eingriffs. Restauratorische Massnahmen sollten soweit möglich immer reversibel sein und die Originalsubstanz erhalten. Ziel ist die Wahrung der Authentizität eines Objekts. (Philipp Lenz und Silvio Frigg)

EINE ARZNEI GEGEN GICHT

St. Gallen, Stiftsbibliothek
Cod. Sang. 610, S. 325
Papier, 521 Seiten
29 × 20.5 cm
Kloster St. Gallen (?),
1452–1459, Eintrag von 1824

Anleitung zur Herstellung und zum Gebrauch von «Schwefelammoniak» zur Wiedersichtbarmachung verblichener und getilgter Schriften, eingetragen in dieser spätmittelalterlichen Handschrift von Ildefons von Arx 1824.

Verblichene Schrift hergestellt. Das leistet das Hydrosulphur Potasse seu Ammoniaci, welches so bereitet wird. Nimm 4 Theile frisch gebrannten Kalk, den verpulvere fein. Vermisch ihn wohl mit 1 Theil arsenikfreyem Schwefel, fülle ihn in eine Retort, worin 2 Theile trockner fein gepulverter Salmiak sich befindet, lege eine Vorlage an, worinn 2 Theile distilliertes Wasser sich befinden, und bey allmälig verstärktem Feuer, das am Ende bis zum Glühen der Kapelle verstärkt wird, distilliere alles über. Gebrauch. Die Schrift wird mit diesem stinkenden, doch unschädlichem Geiste getupft, aber nicht gestrichen, welches die Schrift verwischen würde. Dieses oft widerholt, aber allemal wenn das Pergament vorher wieder trocken geworden ist. Die rothe Farbe wird, und bleibt so genetzt schwarz. In Rom löst Mayo [Angelo Mai] die Codices rescriptos auf, duncht sie in diesen Geist, und legt sie mit Fliesspapier unterzogen unter eine Presse, bis sie trocken werden. Die Schriften auf schwammichtem, oder aufgekratztem Pergament sind nicht mehr herzustellen. Jeder Buchstabe ist dann am leserlichsten, wenn dieser Geist würcklich darauf schwimmt. Mein Recept erbathen sich Gelehrte von mir, die von Rom, und Paris kamen. Ild. Von Arx. Bibliothekar. 1824.[172]

Der Konventuale Ildefons von Arx (1755–1833) hat sich bleibende Verdienste um die Stiftsbibliothek St. Gallen erworben. Als Mitarbeiter (seit 1780) und dann als Vorsteher (1824/1827–1833) der Stiftsbibliothek erschloss er inhaltlich die Handschriften, erstellte einen Bibliothekskatalog (1827), liess beschädigte Bücher reparieren,[157] löste zusammen mit seinem Mitbruder Johann Nepomuk Hauntinger (1756–1823) zahlreiche Fragmente aus Einbänden heraus und sammelte sie in acht Fragmentenbänden (1822).[158] Überdies erforschte er als erster St. Galler Bibliothekar die Palimpseste, also die Handschriften oder Blätter aus Pergament, deren ursprüngliche Schrift durch Abwaschen, Abreiben oder Abschaben getilgt wurde, um sie neu zu beschreiben.[159]

Spätestens seit 1816, also bereits in der Zeit der ersten Entdeckungen wichtiger Palimpseste in den Bibliotheken in Mailand 1814 und in Verona 1816,[160] beschäftigte sich Ildefons von Arx intensiv mit den wiederbeschriebenen Handschriften.[161] Davon zeugt ein kommentiertes Verzeichnis von neun Palimpsestcodices von 1822.[162] 1823 zeigte er dem deutschen Gelehrten Barthold Georg Niebuhr die von ihm bereits untersuchten und teilweise mit «Schwefelammoniak», einem chemischen Mittel, behandelten Palimpseste an.[163] Als Früchte dieser Zusammenarbeit veröffentlichte Niebuhr noch im Herbst 1823 die fragmentarischen Texte des spätantiken Autors Flavius Merobaudes und von Arx 1824 einzigartige liturgische Fragmente aus demselben Cod. Sang. 908,[164] die sich als eines der ältesten handschriftlichen Zeugnisse der gallisch-westgotischen Liturgie entpuppen sollten.[165]

Ildefons von Arx schrieb bereits 1812 ein Rezept für Galläpfeltinktur, das älteste der bekannten Reagenzien zur Wiedersichtbarmachung verblichener und getilgter Schriften, und 1824 eine Anleitung zur Herstellung und Anwendung von «Schwefelammoniak» für denselben Zweck ab.[166] Zwar erwähnen andere Gelehrte und Palimpsestforscher dieses Mittel schon 1817 und 1819,[167] doch scheint sich das Rezept dafür in ältester Überlieferung in St. Gallen erhalten zu haben und von dort aus durch persönliche Mitteilung und durch Veröffentlichungen verbreitet zu haben.[168] Es galt danach als das am wenigsten schädliche Reagenz der Palimpsestforschung.[169] Ildefons von Arx bezog dieses chemische Mittel, das mancherorts als Arznei gegen Gicht verordnet wurde,[170] offenbar von einem St. Galler Apotheker.[171] (PHILIPP LENZ)

Das Zerfressen durch Motten

wird gehindert, wenn man in der Apothek Arsenikgift mit Terpentinöl mischen läßt und damit die Deckel der Bücher bestreicht.

Verblichene Schrift hergestellt.

Das Tinktur (?) des Hydrosulphure Potasse seu Ammoniaci, welches so bereitet wird.

1. Nim 4 theile frisch gebrannten Kalk, den vergülten (?) fein. vermische ihn wohl mit 1. theil arsenikfreyem Schwefel, fülle ihn in eine Retort, worin 12 theile trockner fein gepulverter Salmiak sich befindet, lege eine Vorlage an, worin 2. theile distillirtes Wasser sich befinden, und bey allmälig verstärktem Feuer, das am Ende bis zum glühen der Kapelle verstärkt wird, distilliere alles über.

Gebrauch. Die Schrift wird mit diesem stinkenden, doch unschädlichen Geiste getupft, aber nicht gestrichen, welches die Schrift verwischen würde. Dieses oft wiederholt, aber allemal wenn das Pergament wieder trocken geworden ist. Die rothe Farbe wird, und bleibt so ganz (?) schwarz. In Rom löst Majo die Codices rescriptos auf, tunkt sie in diesen Geist, und legt sie mit Fließpapier unterzogen unter einer Presse, bis sie trocken werden. Die Schriften auf abgeriebenen oder ausgekratzten Pergamenten sind nicht mehr herzustellen. Jeder Buchstabe ist dann am leserlichsten, wann dieser Geist würklich darauf scheint. Mein Recept erbathen sich Gelehrte von mir, die von Rom, und Paris kamen.

Ild. von Arx
Bibliothekar 1824.

DNA-ANALYSEN VON PERGAMENTHANDSCHRIFTEN

St. Gallen, Stiftsbibliothek
Cod. Sang. 1395.21,
S. 1/2, hier S. 1.
Pergament, 1 Blatt
22.5 × 18 cm
Irland, 750/850

Beginn des Gebets *Peccavimus, domine* («Wir haben gesündigt, Herr») in Form einer prächtigen, jedoch nicht ganz fertiggestellten Initialseite.[179] Die DNA-Analyse des Pergaments hat bestätigt, dass das Fragment in Irland selber hergestellt wurde, und nicht von Iren auf dem Kontinent.[180]

In den letzten Jahrzehnten hat sich die Zusammenarbeit zwischen Geistes- und Naturwissenschaften in der Erforschung mittelalterlicher Handschriften verstärkt. Gleichzeitig wurden neue, vielversprechende Untersuchungsmethoden entwickelt.

Ein relativ früher und spektakulärer Ausdruck solcher Bestrebungen in der Stiftsbibliothek stellte die dendrochronologische Analyse der Holzdeckel des *Evangelium Longum* (Cod. Sang. 53) in den Jahren 1971 und 1972 dar, als man je eine Querseite der beiden Deckel freilegte, um die Jahrringkurven sichtbar zu machen. Aus dem Vergleich mit Jahrringkurvenserien anderer Fundorte wurde auf eine Fällung des Holzes der Deckel dieses Prachteinbandes um 882–892 geschlossen.[173]

Da man glaubte, von der Art des Tiers, dessen Haut für das Pergament verwendet worden war, auf die geografische Herkunft einer Handschrift schliessen zu können, weckte die Pergamentbestimmung schon früh das Interesse der Handschriftenforscher. Die Bestimmungsmethoden haben sich vom blossen (manchmal trügerischen) visuellen Eindruck über die mikroskopische Untersuchung der Follikelmuster hin zur DNA- und Protein-Analyse entwickelt und damit zu einem differenzierteren und gesicherteren Bild geführt.[174] So zeigte die aufwändige DNA-Analyse eines der vier Blätter des St. Galler Klosterplans (Cod. Sang. 1092) nach Entnahme einer Mikroprobe 1998, dass entgegen der verbreiteten Meinung nicht Kalbs-, sondern Schafspergament verwendet worden war.[175]

Mittlerweile lässt sich die Tierart der für das Pergament verwendeten Haut relativ günstig und effizient durch Protein-Analyse eruieren, wobei mittels eines Radiergummis die Materialprobe in weitgehend zerstörungsfreier Art entnommen werden kann.[176] Dank dieses Verfahrens konnte der Pergamentspezialist Jiří Vnouček 2023 seinen mittels Mikroskopie erzielten Befund bestätigen, dass Cod. Sang. 22 aus Schafs-, Cod. Sang. 23 hingegen aus Kalbspergament besteht.[177]

Die DNA-Analyse von Pergament vermag heutzutage nicht nur die Art des Tiers, sondern auch dessen Geschlecht, biologische Verwandtschaft und – bei guten Vergleichsdaten – dessen geografische Herkunft zu ermitteln. Die jüngst durchgeführten Untersuchungen an frühmittelalterlichen Handschriften in irischer Schrift der Stiftsbibliothek haben nicht nur die vermutete Verwendung von Kalbspergament in Cod. Sang. 51, 60, 1395.19, S. 1/2 und 1395.21, S. 1/2, sondern auch die Herkunft der Tiere aus Irland bestätigt.[178]

(PHILIPP LENZ)

DER HALBIERTE PUTTO

Anonym
Putto «Der Maler»,
mit Pinseln,
Farbpalette, Zeichenstiften,
Modellkopf, Zeichenrolle
und Buch
um 1770
Holz, farbig gefasst
Barocksaal der Stifts-
bibliothek, bei Regal L

Die rechte Hälfte des Puttos wurde gereinigt. Links ist die Patina sichtbar.

Die 20 Putten im Barocksaal der Stiftsbibliothek gehören zu dessen verspielteren Details. Weit weg von der inhaltlichen Strenge der Deckenbilder zeigen sie als Allegorien verschiedene Berufe, Wissenschaften und Künste.[181] Obschon sie eine konzeptionelle Einheit bilden, stammen sie wahrscheinlich von verschiedenen Künstlern. Leider sind uns diese bis anhin unbekannt.[182]

Mit der im Sommer 2025 abgeschlossenen Erneuerung der Beleuchtung des Barocksaals stehen die Putten plötzlich viel prominenter im Licht. Umso notwendiger wurde es, sie vom Schmutz zu befreien und für den Betrachter lesbar zu machen. Die Musterreinigung am Putto des Astronomen für die Sommerausstellung 2023 lieferte die nötigen Grundlagen für das weitere Vorgehen.

Die ursprüngliche polychrome Fassung der Figuren ist gut erhalten und stabil. Es gibt nur wenige Fehlstellen und Retuschen. Die bei Weitem häufigsten Schäden sind abgebrochene Finger und fehlende Attribute. Auch stellte sich die vermeintlich barocke Patina als Reste eines alten Pflegemittels für Oberflächen[183] heraus. Dieses lies die Putten verbräunen und veränderte Inkarnat und Farbigkeit. Fotografien,[184] die im Rahmen der vor fast fünfzig Jahren durchgeführten Reinigung entstanden, zeigen dies deutlich. Speziell für die Ausstellung wurde beim «Maler», der auch das Ausstellungsplakat schmückt, nur die eine Hälfte mit dem Wattebausch und verdünntem Alkohol von der verbräunten Schicht befreit. Wäre die Patina älter gewesen, wäre ein anderes Vorgehen erforderlich gewesen.

Entsprechend den ethischen Maximen für restauratorisches Handeln[185] gilt es, die Authentizität eines Objekts zu wahren. Eine historische Patina könnte dann sehr wohl zum Objekt und seiner Geschichte gehören. Daneben haben Eingriffe minimal, gewählte Materialien reversibel und Massnahmen materialschonend zu sein. Alle Arbeiten, z. B. die Ergänzungen der fehlenden Attribute und Gliedmassen, werden dokumentiert und somit nachvollziehbar gehalten. Im Rahmen einer Abschlussarbeit[186] wurden verschiedenen Varianten für drei ausgewählte Putten modelliert, diskutiert[187] und umgesetzt. Denkmalpflege, Restaurator und die Verantwortlichen der Bibliothek führten diese Diskussion gemeinsam.

(Silvio Frigg)

ULRIKE GANZ

BEWAHRUNG DES KULTURELLEN ERBES

6

Erinnerung stiftet Identität. Sie wird nicht nur mündlich oder schriftlich weitergegeben, sondern auch in Gestalt von Dingen. Gegenstände können historische Zeugnisse sein und halten eine Gemeinschaft zusammen. Sie machen Vergangenheit ganz wörtlich begreifbar.

In der Stiftsbibliothek St.Gallen ist dieser Zusammenhang evident: Ihre rund 2200 Handschriften, viele davon aus dem klostereigenen Skriptorium, gehören zu den bedeutendsten Kulturschätzen Europas. Dass sie am ursprünglichen Ort erhalten sind, grenzt an ein Wunder.

Schon früh wurde vieles unternommen, um dieses Erbe zu sichern. 1983 wurde der Stiftsbezirk St.Gallen als UNESCO-Welterbe anerkannt. Unter diesem Schutz stehen nicht nur die Gebäude, sondern auch die darin befindlichen beweglichen Kulturgüter – also auch die Kunstwerke und Kuriositäten, nicht nur die berühmten Handschriftenbestände. Mit der Auszeichnung verbanden sich Verpflichtungen: Kanton, Katholischer Konfessionsteil und Stadt St.Gallen schlossen eine Vereinbarung, die Pflege und den Schutz gemeinsam zu gewährleisten.

Da Kulturgüter bedroht sind – durch Krieg, Naturkatastrophen, Alterung oder Zerstörung – wurde der Schutz in den letzten Jahren noch erweitert. 2017 erfolgte die Aufnahme der Handschriften der Stiftsbibliothek in das Weltdokumentenerbe der UNESCO *(Memory of the World)*. Damit einher geht die Verantwortung, diese einzigartigen Zeugnisse auch für künftige Generationen zu sichern.

Im Jahr 2023 kam ein weiterer Schutz hinzu: Nun wurden auch die Gemälde der Stiftsbibliothek unter die Bestimmungen eines neuen *Kulturgüterdekrets* des Katholischen Konfessionsteils gestellt. Dieses regelt die Bewahrung und Überlieferung sowohl sakraler als auch profaner Kulturgüter. Bewegliche Objekte, die für die katholische Gemeinschaft identitätsstiftend sind, werden in ein öffentlich zugängliches Verzeichnis aufgenommen. Damit werden sie vor Diebstahl, unsachgemässer Lagerung und dauerhafter Ausfuhr aus dem Kantonsgebiet geschützt. Zudem verpflichtete sich die Stiftsbibliothek ausdrücklich, ihre Bestände nicht zu veräussern.[188]

Dies ist nicht selbstverständlich: Noch 1930 musste die Stiftsbibliothek in der Weltwirtschaftskrise ein wertvolles Konvolut spätgotischer Einblattholzschnitte verkaufen, um die Finanzen des Katholischen Konfessionsteils zu entlasten.[189] Solche Verluste sollen sich nicht wiederholen. Die neue Gesetzesgrundlage verhindert einen zweiten *St.Galler Kunstausverkauf* [190] und gewährleistet, dass die Zeugnisse der Vergangenheit in der Stiftsbibliothek bleiben.

DAS PORTRÄT EINES FÜRSTABTS

Johann Ulrich Schnetzler (zugeschrieben)
vor 1740
Öl/Kupfer
St.Gallen, Stiftsbibliothek
Inv. Nr. 517

Fürstabt Joseph von Rudolphi ist im einfachen Ordensgewand, aber mit der Kette des Annunziatenordens dargestellt. Er legte ab 1718 die bedeutende Münzsammlung an.

Das kleinformatige Bildnis überliefert das Aussehen des St.Galler Fürstabts Joseph von Rudolphi (Fürstabt 1717–1740). Es wurde 2024 als «profan-klösterliches Kulturerbe» unter Schutz gestellt. Damit ist es nicht nur ein künstlerisches Dokument, sondern die Stiftsbibliothek verpflichtet sich, alles zu seiner Erhaltung zu tun und das Bild nicht dauerhaft ins Ausland auszuführen.

Der Fürstabt war ein bedeutender Förderer der Kunst- und Wunderkammer des Klosters. Er legte den Grundstock für die Münzsammlung und erweiterte die Bestände durch Schatzobjekte und Kuriositäten. Das Bild zeigt ihn jedoch nicht im prunkvollen Ornat, sondern bewusst schlicht: Er trägt ein schwarzes Ordenskleid, auf dem weissen Haar ein Birett. Allein die schwere Kette des Annunziatenordens weist ihn als Fürstabt aus. Auf Wappen, Amtsinsignien oder repräsentative Attribute wie Säulen oder Draperien wurde verzichtet.

Joseph von Rudolphi ist im Dreiviertelprofil vor monochromem Hintergrund dargestellt, doch durch das modellierende Licht wirkt die Figur trotzdem dreidimensional. Die überaus feinmalerische Darstellung ist auf poliertes Kupfer gemalt, ein bevorzugtes Trägermaterial für Kunstkammerstücke und Kabinettbildchen, das der Darstellung eine besondere Strahlkraft verleiht.

Obwohl das Bildnis nicht signiert ist, ist eine Zuschreibung an den Schaffhauser Johann Ulrich Schnetzler (1704–1763) plausibel. Schnetzler, der nach Studienaufenthalten in Wien und Paris als Maler und später auch als Stuckateur erfolgreich war, ist als Porträtist Rudolphis urkundlich belegt.[191] Format, Technik und Qualität sprechen für ein Auftragswerk. Die Provenienz des Gemäldes ist zwar nicht gesichert, doch deutet vieles auf eine klösterliche Herkunft hin.

Die Porträts der Fürstäbte wurden vielfach kopiert, teils sogar noch nach ihrem Tod.[192] Fast jede Kirchgemeinde im Herrschaftsgebiet verfügte über ein solches Bildnis des amtierenden Abtes – als sichtbares Symbol seiner Präsenz. Damit reiht sich Rudolphis Porträt ein in die Tradition des «Amtsstubenporträts», das im weltlichen Bereich die bildliche Stellvertretung von Obrigkeiten erfüllte. Heute ist es zugleich Erinnerung an die Persönlichkeit des Fürstabts wie auch an die Bildkultur barocker Herrschaftsrepräsentation.

EINST EIN DIPTYCHON

Albrecht Bouts
um 1500
Mischtechnik/Holz
St. Gallen, Stiftsbibliothek
Inv. Nr. 1 und 2

Die beiden Bilder waren einst durch Scharniere verbunden. Im aufgestellten Zustand wandte sich Maria mit einer Fürbitte an ihren Sohn.

Die beiden qualitätvollen Brustbilder des Schmerzensmannes und der weinenden Maria bildeten ursprünglich ein Diptychon, das durch Scharniere verbunden war. Es konnte als kleines Altärchen aufgestellt oder zusammengeklappt auf Reisen mitgeführt werden und diente der privaten Andacht. Entstanden ist es wahrscheinlich in der Werkstatt des niederländischen Malers Albrecht Bouts (1452–1549) und geht auf ein heute verlorenes Werk seines berühmten Vaters Dieric Bouts (1415–1475) zurück.

Wann die Tafeln in die Stiftsbibliothek gelangten, ist nicht überliefert. Sicher ist aber, dass sie noch 1836 in der Handschriftenkammer lagerten, wo auch die Kuriositäten aufbewahrt wurden.[193] Weil ihre Herkunft aus dem Vermögen der Fürstabtei sehr wahrscheinlich ist, stellte der Administrationsrat des Katholischen Konfessionsteils das Diptychon Ende 2024 als profan-klösterliches Kulturerbe unter Schutz. Damit verpflichtet sich die Bibliothek, die Tafeln zu erhalten und nicht dauerhaft aus dem Kantonsgebiet auszuführen.

Die Darstellungen sind von eindringlicher Emotionalität. Christus erscheint im roten Gewand mit goldener Borte, sein Gesicht tränenüberströmt, mit Spuren von Blut unter der Dornenkrone. Maria ist im Dreiviertelprofil nach rechts gewendet, mit weissem Schleier und blauem Mantel, die Züge schmerzverzerrt. Ursprünglich befand sich ihr Bild auf der linken Seite des Diptychons, sodass sie im aufgestellten Zustand ihrem Sohn direkt gegenübertrat. Dieser Bildtypus der *Intercessio*, der Fürbitte Mariens, unterstreicht ihre Rolle als Mittlerin zwischen dem vor dem Bild betenden Gläubigen und Christus.

Die Nahsicht der Antlitze, ihre Menschlichkeit und Verletzlichkeit, ermöglichten dem Betrachter eine unmittelbare Identifikation.

Das Diptychon geht auf ein verlorenes Urbild von Dieric Bouts zurück, das die Figur Christi erstmals frontal und in Nahsicht zeigte.[194] Es wurde in der Werkstatt seines Sohns Albrecht in zahlreichen Fassungen variiert und kopiert, teils mithilfe von Schablonen. Bekannte Exemplare befinden sich in London,[195] Paris[196] und in Luxemburg[197]. Die St. Galler Tafeln gehören eher zur Werkstattproduktion, zeichnen sich aber durch hohe Qualität aus.

Auffällig ist, dass bei den St. Galler Bildern die betenden Hände Christi und Mariens fehlen. Ob sie nie vorgesehen waren oder ob das Diptychon beschnitten wurde, lässt sich nicht eindeutig klären.

GEISSELUNG CHRISTI

Anonym
Hendrick Goltzius
(Künstler der Vorlage)
1597–1792
Öl/Holz
St. Gallen, Stiftsbibliothek
Inv. Nr. 91

Das kleine Gemälde übersetzt einen Kupferstich von Hendrik Goltzius in Buntfarbe. Es gelangte 1792 als Schenkung in die Sammlung des Klosters St. Gallen.

Das kleine Gemälde mit Darstellung der Geisselung Christi in manieristischer Farbigkeit ist eines der wenigen Werke, deren Provenienz aus der Klosterbibliothek zweifelsfrei gesichert ist. Es gelangte 1792 als Geschenk des Dekans Cölestin Schiess (1728–1798) dorthin, wie Stiftsbibliothekar Johann Nepomuk Hauntinger im Akzessionskatalog sorgfältig vermerkte (Cod. Sang. 1285, S. 246). Augenscheinlich ordnete Hauntinger das Bild in die Kuriositätensammlung in der Handschriftenkammer ein, wo es noch 1863 nachweisbar ist. Hier fiel es dem St. Galler Bischof Karl Johann Greith (1807–1882, Bischof 1862–1882) auf, der 1847 bis 1855 in der Stiftsbibliothek wirkte und sich für spätgotische Malerei begeisterte. Er nahm es als Dauerleihgabe in seine Sammlung auf.[198] Heute ist das Bild wieder in der Stiftsbibliothek und wurde 2024 vom Administrationsrat des Katholischen Konfessionsteils als profan-klösterliches Kulturerbe unter Schutz gestellt. Damit verbunden sind die Pflicht zur sorgfältigen Lagerung und Erhaltung sowie ein Verbot der dauerhaften Ausfuhr aus dem Kanton St. Gallen.

Das kleinformatige Andachtsbild zeigt die Geisselung Christi als nächtliche Szene auf einer Bühne. Der Heiland steht im rechten Vordergrund an einem Pfeiler, während zwei Schergen mit Ruten zuschlagen. Ein dritter Folterknecht kniet im Vordergrund und spannt sein Rutenbündel. Der Raum wird weniger durch eine Fackel am linken Bildrand erhellt als durch den leuchtenden Körper Christi, der unversehrt erscheint, sein Haupt umstrahlt von einem goldenen Nimbus. Links öffnet sich eine Arkade, in der Schaulustige stehen, dahinter ist ein italienischer Stadtpalast zu erkennen. Über allem leuchtet ein fahler Mond.

Die kunsthistorische Einordnung des Bildes war lange unklar: Erwin Poeschel sah es als Werk eines deutsch-italienisch beeinflussten Malers der zweiten Hälfte des 16. Jahrhunderts an,[199] Bernd Konrad plädierte für eine Kopie des 19. Jahrhunderts nach Hans Wertinger (1456–1533).[200] Dies ist jedoch falsch, weil das Bild bereits 1792 in der Stiftsbibliothek belegt ist. Es handelt sich vielmehr um eine anonyme, in manieristische Farbigkeit übersetzte Kopie nach einem 1597 entstandenen Kupferstich von Hendrik Goltzius (1558–1617).[201] Der Stich, dessen Originalzeichnung erhalten ist, war im 17. Jahrhundert populär. Daraus lässt sich der Entstehungszeitraum des Gemäldes auf die Jahre zwischen 1597 und 1792 eingrenzen, ein allerdings langer Zeitraum.

DER SELIGE NOTKER VERTREIBT DEN TEUFEL

Meister J. Z.
1786
Öl/Leinwand
St. Gallen, Stiftsbibliothek
Inv. Nr. 55

Vermutlich gehörte das kleine Bild zu einer Serie von Heiligendarstellungen. Früher wurde es fälschlich Januarius Zick zugeschrieben.

Das kleine Kabinettbild wurde Ende 2024 zusammen mit weiteren Gemälden der Stiftsbibliothek als «profan-klösterliches Kulturerbe» unter besonderen Schutz gestellt und im Verzeichnis *Kirchliches Kulturerbe* online publiziert. Damit sind sein Schutz vor Diebstahl, unrechtmässigem Verkauf und dauerhafter Ausfuhr aus dem Kantonsgebiet sowie eine Bewahrung im Kontext des UNESCO-Welterbes gewährleistet.

Die Darstellung zeigt den seligen Notker Balbulus (um 840–912) im Kampf gegen einen kleinen Drachen, der an einen geflügelten Hund erinnert. Der Mönch schlägt mit dem Stab des heiligen Kolumban, der Cambutta, so kräftig auf das feuerspeiende Untier ein, dass der Stab bricht und wie ein Dreschflegel wirkt. Unter der Wucht des Hiebs sinkt das Untier besiegt zu Boden und stösst nur noch ein schwaches Rauchwölkchen aus. Ein Sakristan in weltlicher Tracht eilt mit Kerze und Schlüsselbund herbei und wird zum Augenzeugen der Szene.

Das Geschehen spielt in einer barocken Kirche vor einem Gallus-Altar, auf dem die Statue des Heiligen mit gezähmtem Bären zu sehen ist. Durch diese räumliche und ikonografische Verbindung wird Notker als Nachfolger des heiligen Gallus inszeniert. Der Maler lässt die gebrochene Cambutta das Altarkreuz überschneiden, wodurch der Stab visuell als göttlich geführte Waffe etabliert wird.

Im Vordergrund befindet sich eine Stufe, die den Betrachter wortwörtlich in die Bilderzählung einführt. Auf ihr ist eine Inschriftenkartusche angebracht: *S. Notker C.O.S.B. in Monast: Ad S. Gallum in Helvetia* («Der heilige Notker im Kloster St. Gallen in der Schweiz»). Der Text geht auf das Kapitel 41 der *Casus Sancti Galli* des St. Galler Mönchs Ekkehard IV. (um 980–1057) zurück.

Die Zuschreibung des Bildes ist unsicher. Die Initialen *J. Z.* führten früher zu einer Zuordnung an den Münchner Maler Januarius Zick (1730–1797),[202] der aber anders signierte. Obendrein unterscheiden sich dessen Werke auch stilistisch und qualitativ stark von dem vorliegenden Gemälde.[203] Stil und Qualität deuten auf einen lokalen Künstler hin. Das kleine Format und die Inschriftenkartusche lassen zudem vermuten, dass das Bild einst zu einer Serie von Heiligendarstellungen gehörte.

ANMERKUNGEN

1 Katharina Flügel, Einführung in die Museologie, Darmstadt 2005, S. 39–46; Marlies Raffler, Historische Museologie, in: Friedrich Waidacher, Museologie – knapp gefasst, Wien 2005, S. 272–315, hier S. 285–296.

2 Hans Heierli, Geschichte des Naturmuseums St. Gallen, St. Gallen 1996, S. 6–12.

3 Friedrich Waidacher, Museologie (Anm. 19), S. 17–18.

4 Die Aneignung der Vergangenheit. Musealisierung und Geschichte, hg. von Ulrich Borsdorf, Heinrich Theodor Grütter und Jörn Rüsen, Bielefeld 2004, S. 7–8.

5 Hermann Lübbe, Der Fortschritt von gestern. Über Musealisierung als Modernisierung, in: Die Aneignung der Vergangenheit (Anm. 4), S. 13–38, hier S. 19–27. Vgl. auch Roger Fayet, Die Logik des Museums. Beiträge zur Museologie, Baden 2015, S. 15–16.

6 Lübbe, Der Fortschritt von gestern (Anm. 5), S. 36–38.

7 Flügel, Einführung in die Museologie (Anm. 1), S. 39–46; Raffler, Historische Museologie (Anm. 1), S. 285 –296.

8 Adalbert Stifter, Der Nachsommer – Eine Erzählung, Pesth 1857, S. 189, (Erstausgabe), vollständige digitalisierte Ausgabe im Deutschen Textarchiv, https://www.deutschestextarchiv.de/book/view/stifter_nachsommer01_1857?p=203 (22.08.2025).

9 Uwe Jochum, Kleine Bibliotheksgeschichte, 3., verbesserte und erweiterte Auflage, Stuttgart 2007, S. 13–14.

10 Ebd., S. 24–38.

11 Ekkehart IV., St. Galler Klostergeschichten (Casus sancti Galli), hg. und übersetzt von Hans F. Haefele und Ernst Tremp, Wiesbaden 2020, S. 452–453; Cornel Dora, von Uto bis Ernst Tremp, in: Schaukasten Stiftsbibliothek. Abschiedsgabe für Stiftsbibliothekar Ernst Tremp, hg. von Franziska Schnoor, Karl Schmuki und Silvio Frigg, St. Gallen 2013, S. 91.

12 Dora Fanny Rittmeyer, Die Goldschmiedewerke der Kathedrale St. Gallen, 71. Neujahrsblatt, hg. vom Historischen Verein des Kantons St. Gallen, St. Gallen 1931, S. 12; Roger Seiler, Der Schatz der St. Galler Klosterkirche von karolingischer Zeit bis ins 13. Jahrhundert, o. O. 1991, S. 18–19; Fridolin Sicher, Chronik, hg. von Ernst Götzinger, St. Gallen 1885, S. 95; Cornel Dora, Der St. Galler Münstersturm vom 23. Februar 1529, in: 158. Neujahrsblatt, hg. vom Historischen Verein des Kantons St. Gallen, St. Gallen 2018, S. 66–99.

13 Ekkehart IV., St. Galler Klostergeschichten (Anm. 11), S. 515–517.

14 Flügel, Einführung in die Museologie (Anm. 1), S. 46–51; Raffler, Historische Museologie (Anm. 1), S. 296–303.

15 Raffler, Historische Museologie (Anm. 1), S. 296–303.

16 Zitiert nach: museums.ch, https://www.museums.ch/de/unser-engagement/schwerpunkte/museumsdefinition-3413.html (18.09.2025).

17 Definition von 2007: «Ein Museum ist eine dauerhafte Einrichtung, die keinen Gewinn erzielen will, öffentlich zugänglich ist und im Dienst der Gesellschaft und deren Entwicklung steht. Sie erwirbt, bewahrt, beforscht, prägesternt und vermittelt das materielle und immaterielle Erbe der Menschheit und deren Umwelt zum Zweck von Studien, der Bildung und des Genusses.» Zitiert nach Beate Reifenscheid, Gegen Unverbindlichkeit und Politisierung: Zur Neudefinition der Museen, in: Wissenschaftskommunikation.de, Gegen Unverbindlichkeit und Politisierung, 11.11.2019, https://www.wissenschaftskommunikation.de/gegen-unverbindlichkeit-und-politisierung-zur-neudefinition-der-museen-32389/ (02.09.2025).

18 Reifenscheid, Gegen Unverbindlichkeit und Politisierung (Anm. 17) (02.09.2025).

19 Stiftsbibliothek St. Gallen, Cod. Sang. 1280, und Stiftsbibliothek St. Gallen, Cod. Sang. 1285: Auktionskatalog der Klosterbibliothek von Pater Johann Nepomuk Hauntinger für die Jahre 1780–1792, Cod. Sang. 1285, S. 227–242.

20 Stiftsbibliothek St. Gallen, Cod. Sang. 1285, S. 233–235. Die grosse Mehrheit der Objekte ist nicht mehr im Bestand.

21 Dazu bereitet Ulrike Ganz derzeit einen Artikel vor, der in einer Publikation des Stiftsarchivs St. Gallen erscheinen wird.

22 Vgl. Teil 2, S. 72–79 den Beitrag von Silvio Frigg.

23 Vgl. oben, S. 66–77 den Beitrag von Benedikt Zäch.

24 Lediglich bei der historistische Figurenscheibe mit der grossformatigen Darstellung des heiligen Gallus (Stiftsbibliothek St. Gallen, Inv. Nr. 31) handelt es sich um eine Schenkung, die die Stiftsbibliothek 1955 anlässlich der Renovierung der Bibliothek vom Evangelischen Kirchenrat erhielt.

25 Cornel Dora, Sammlungskonzept [Nov. 2024, unpubliziertes, internes Dokument].

26 Farben im Licht. Glasmalerei vom 13.–21. Jahrhundert, hg. vom Schweizerischen Landesmuseum, Zürich 2022, S. 15.

27 Siehe Josef Grünenfelder, Der Stiftsbezirk St. Gallen – Kulturhistorischer Führer, St. Gallen 2019, S. 100–101; ferner Ernst Tremp, Die barocken Konzilsbilder in der Stiftsbibliothek St. Gallen, in: Schweizerische Zeitschrift für Religion und Kulturgeschichte 109 (2015), S. 159–183.

28 Der Ankauf konnte mit Mitteln des Freundeskreises der Stiftsbibliothek getätigt werden.

29 Joseph Wannenmacher, *Das Konzil von Ephesus*, ca. 1762, München, Bayerische Staatsgemäldesammlungen, Alte Pinakothek, Inv. Nr. 10918.

30 Joseph Wannenmacher, *Das Konzil von Konstantinopel*, ca. 1762, Friedrichshafen, Zeppelinmuseum, Inv. Nr. ZM 1961/3/M.

31 Vgl. SGST PS 1 Schubl. 3 Nr. 1, Begleitschreiben.

32 Joseph Grünenfelder, Die Kathedrale St. Gallen. Das spätbarocke Bauwerk und seine Ausstattung, St. Gallen 2018, S. 23 (mit älterer Literatur).

33 Der Hochaltar wurde von Josef Simon Moosbrugger 1810 vollendet, siehe Grünenfelder, Kathedrale (Anm. 32), S. 24.

34 Ebd. 2010 hatte Grünenfelder den Entwurf noch Fidelis Sporer (1731–1811) zugeschrieben; siehe: Joseph Grünenfelder, Entwurf für einen Hochaltar der Stiftskirche St. Gallen, in: Freiburg baroque – Johann Christian Wentzinger und seine Zeit (1710–1797), hg. von den Städtischen Museen Freiburg, München 2010, Nr. 42, S. 194.

35 Siehe zuletzt: Josef Grünenfelder, Entwurf für einen Hochaltar der Stiftskirche St. Gallen, in: Die Kathedrale St. Gallen. Das spätbarocke Bauwerk und seine Ausstattung, hg. von dems., St. Gallen 2018. S. 84 (mit Literatur). Zur Provenienz: Josef Grünenfelder, Beiträge zum Bau der St. Galler Landkirchen unter dem Offizial Pater Iso Walser, in: Schriften des Vereins für Geschichte des Bodensees und seiner Umgebung, Lindau 1967, S. 152–153.

36 Cornel Dora: Sammlungskonzept der Stiftsbibliothek [Nov. 2024, unpubliziertes, internes Dokument]

37 Aegidus Ranbeck, Calendarium Annale Benedictinum Per Menses Et Dies Sanctis Eiusdem Ordinis inscriptum, Augustae Vindelicorum, 1675.

38 Anonymer Künstler, *Der heilige Gallus füttert den Bären,* Gouache/Pergament, St. Gallen, Stiftsbibliothek Inv. Nr. 674.

39 Karl Schmuki, «Das Naturalienkabinett entsprach meiner Erwartung bey solch einem berühmten Stifte nicht ganz ...», Das Raritäten- und Kuriositätenkabinett der barocken Klosterbibliothek von St. Gallen, in: Klösterliche Sammelpraxis in der Frühen Neuzeit, hg. von Georg Schrott und Manfred Knedlik, Nordhausen 2010, S. 183–220, hier S. 199.

40 Ebd.

41 Ein nicht kolorierter Abzug von der gleichen Platte ist in einer Privatsammlung in den USA belegt (TIB 16101.084), eine weitere, kolorierte Kopie, die sich in Details wie etwa den Gebäuden am linken oberen Bildrand unterscheidet, in Wien (TIB 16101.084–1). Siehe: Armin Kunz, Christian Müller, Lothar Schmitt, Die kolorierten Einblattholzschnitte der Stiftsbibliothek St. Gallen. Der 1930 veräusserte Kemli Band. Gewidmet Eberhard W. Kornfeld zu seinem 90. Geburtstag, Bern 2013.

42 Die Darstellung folgt hiermit der berühmten Ikonografie nach der Weihnachtsvision der heiligen Birgitta von Schweden, siehe: https://www.heiligenlexikon.de/Literatur/Birgitta-Weihnachtsvision.html (17.09.2025).

43 Zur Überlieferungsgeschichte: Cornel Dora, Willkommen daheim – Die Rückerwerbung von fünf Holzschnitten aus d er Sammlung von Gallus Kemli (15. Jahrhundert) durch die Stiftsbibliothek St. Gallen, in: Librarium. Zeitschrift der Schweizerischen Bibliophilen Gesellschaft 60 (2017), S. 66–88.

44 Stiftsbibliothek St. Gallen, BB links IV 9a.

45 Staatliche Kunstsammlungen Dresden, Maria mit Kind und Leuchterengel, https://skd-online-collection.skd.museum/Details/Index/188497 (18.09.2025).

46 In der Schweiz sind der Handel und die Ausfuhr von Elfenbeinprodukten seit dem 19.01.2022 ausgesetzt und nur noch in Ausnahmefällen möglich. Dies betrifft insbesondere internationale Leihgaben für Ausstellungen. Hintergrund ist die von 183 Ländern ratifizierte CITES-Konvention (Convention on International Trade in Endangered Species of Wild Fauna and Flora), für die Schweizer Gesetzgebung BGCITES vom 16. März 2012 mit VCITES vom 4. September 2013, überarbeitete Fassungen vom 1. September 2023.

47 Marek S. Muller, Lebendiges Material. Elfenbein ausstellen im postkolonialen Zeitalter? in: Schrecklich schön. Elefant – Mensch – Elfenbein, hg. von der Stiftung Humboldt Forum, Berlin 2021, S. 178–185.

48 Karl Schmuki, Stürmische Zeiten und ein Hauch von Wunderkammer, in: Arznei für die Seele. Mit der Stiftsbibliothek durch die Jahrhunderte, hg. von Cornel Dora, St. Gallen 2017, S. 92.

49 Zu den umfangreichsten «Türkenbeuten» gehört die sogenannte «Karlsruher Türkenbeute». Im Badischen Landesmuseum in Karlsruhe bildet sie den bedeutendsten Kernbestand des Museums. Umfassende Präsentation des Bestandes in: Kaiser und Sultan – Nachbarn in Europas Mitte 1600–1700. Grosse Landesausstellung Baden-Württemberg 2019, hg. vom Badischen Landesmuseum, München 2019.

50 Gemäss Hinweis von Karl Schmuki waren Mitglieder der weitverzweigten Familie Wirz von Rudenz aus der Oberschicht des Kantons Obwalden immer wieder in unterschiedlichen Funktionen (im Militärwesen, als Obervögte, als höhere Beamte etc.) für die Fürstabtei St. Gallen tätig. Rudolf Christoph Wirz von Rudenz hatte als Abteilungsführer von kaiserlich-christlichen Truppen persönlich an der Eroberung von Budapest teilgenommen.

51 Zur Koranrezeption in Europa siehe Hartmut Bobzin, Das missverstandene Buch: Der Koran im Abendland, in: Der Koran. Eine Einführung, 9. Auflage, München 2015, S. 8–17. Zur Rolle des Korans in den Auseinandersetzungen der Reformation siehe Hartmut Bobzin, Der Koran im Zeitalter der Reformation. Studien zur Frühgeschichte der Arabistik und Islamkunde in Europa, Stuttgart 1995.

52 Vgl. Bobzin, Der Koran (Anm. 51), S. 15–16.

53 Philosoph Peter Sloterdijk spricht in der Stiftsbibliothek über Europas Zukunft, https://sg.kath.ch/news/philosoph-peter-sloterdijk-spricht-in-der-stiftsbibliothek-ueber-europas-zukunft/ (08.09.2025).

54 Ebd.

55 Cornel Dora, Lieu de mémoire «Waldhandschrift», in: Kultur und Ökologie. Festschrift zum 75. Geburtstag Beat von Scarpatetti, hg. von Daniel Egli, Binningen 2016, S. 45–47.

56 Vgl. Gerhard Bogner, Fotografische Mitarbeit Paul Sessner, Das neue Krippenlexikon. Wissen – Symbolik – Glaube. Ein Handbuch für den Krippenfreund, Lindenberg 2003, sowie Klaus Bergdolt, Die Weihnachtskrippe. Theologie, Kunst, Anthropologie, Regensburg 2024, S. 90–97.

57 Alfred Dünnenberger-Hager, O du fröhliche, o du selige, gnadenbringende Weihnachtszeit, Baar 2015, S. 429–462; Bogner, Krippenlexikon (Anm. 56), 480–482. Zur Aufklärung: Heike Krause, *Diese heilige Geschichte entstellend und herabwürdigend …* Krippen in Aufklärung und Säkularisation, in: Alte Klöster, neue Herren, die Säkularisation im Deutschen Südwesten 1803, Aufsätze erster Teil, hg. von Hans Ulrich Rudolf, unter redaktioneller Mitarbeit von Markus Blatt, Ostfildern 2003, S. 271–280.

58 Erwin Poeschel, Die Kunstdenkmäler des Kantons St. Gallen Bd. II, Die Stadt St. Gallen: 1. Teil, Basel 1957, S. 183–184. Masse: Maria 56 × 32 × 24 cm; Josef 59 × 32 × 23 cm, Jesuskind 27 × 21 × 9 cm.

59 Inventar Stiftsbibliothek St. Gallen vom 29.10.2012 (Silvio Frigg); Katholische Kirchgemeinde St. Gallen, Korrespondenz Stiftsbibliothek St. Gallen (Ernst Tremp) mit der Katholischen Kirchgemeinde St. Gallen (Magnus Hächler) 2012/2013.

60 Die Figuren wurden 2014/2015 in Frauenfeld trockengereinigt und werden seither fachgerecht gelagert.

61 Inventar der Kunstgegenstände des Klosters Maria der Engel Wattwil, Klaus Engler, Inv.-Nr.: D1–01–01, D1–01–02, D1–01–03, D1–01–04.

62 Kolonial. Globale Verflechtungen der Schweiz, hg. vom Schweizerischen Nationalmuseum, Zürich 2024. Eine kurze Übersicht über die Überlegungen zu den Restitutionsanliegen der postkolonialen Debatte gibt Benedicte Savoy, Die Provenienz der Kultur, Berlin 2018. Sie warnt allerdings vor schnellen Schlüssen und mahnt zum Einbezug aller Umstände (S. 52–53). Die Debatte wurde auch breit in die Medien getragen, beispielsweise: Andrew Curry, Kolonialer Kunstraub. Die Rückgabe von Beutekunst ist kein Verlust, sondern öffnet Türen, in: National Geographic, März 2023, S. 32–69.

63 Übereinkommen über Massnahmen zum Verbot und zur Verhütung der rechtswidrigen Einfuhr, Ausfuhr und Übereignung von Kulturgut, https://www.fedlex.admin.ch/eli/cc/2004/357/de (20.08.2025).

64 Vgl. dazu die Informationen auf der Webseite des Bundesamts für Kultur, Internationale Grundlagen zur Raubkunst, https://www.bak.admin.ch/bak/de/home/kulturerbe/raubkunst/internationale-grundlagen.html (30.08.2025)

65 Vgl. dazu Kunsthaus Zürich, Emil Bührle, https://www.kunsthaus.ch/sammlung/private-sammlungen/emil-buehrle/ (30.08.2025); kritisch dazu Erich Keller, Das kontaminierte Museum, Zürich 2021.

66 Vgl. Digital Benin, https://digitalbenin.org/ (30.08.2025); Benin Initiative Schweiz vgl. beispielsweise auf der Webseite des Museums der Kulturen in Basel https://www.mkb.ch/de/museum/forschung/benin-initiative-schweiz.html (30.08.2025); kritisch dazu Brigitta Hauser-Schaeublin, Bronzen für den Oba, in: NZZ am Sonntag, 24.10.2024, S. 61.

67 Words on the Wave. Ireland and St. Gallen in Early Medieval Europe, hg. von Matthew Seaver, Diarmuid Ó Riain und Maeve Sikora, Dublin 2025.

68 Karl Schmuki, Die Inkunabelsammlung der Stiftsbibliothek, in: Advent des Buchdrucks. Die Wiegendrucke der Stiftsbibliothek St. Gallen, St. Gallen 2015, S. 17–18.

69 Andrea F. G. Raschèr und Markus Bucheli, Die Vereinbarung zum «Kulturgüterstreit» Zürich–St. Gallen von 2006: Ansätze zur Lösungsfindung in anderen Kontexten?, in: KUR. Kunst und Recht 21 (2019), S. 54–61.

70 Stiftsbibliothek St. Gallen, Cod. Sang. 2183, eine Handschrift, die 2019 mit der Sammlung Hartmann (45 Handschriften) der Stiftsbibliothek geschenkt wurde. Sie wurde 1943 versteigert, das Auktionshaus konnte jedoch keine weiteren Auskünfte zum Verkäufer geben. Da der Handwechsel in die NS-Zeit fällt, wurde die Handschrift im August 2025 auf der Datenbank *Lost Art* gemeldet. Lost-Art-ID 630869. Vgl. dazu den Bericht *Provenienzen der Sammlungsbestände der Stiftsbibliothek St. Gallen mit möglichen Verbindungen zu NS-Raubkunst oder problematischen kolonialen Kontexten,* leicht überarbeitete Fassung vom 20.08.2025.

71 Karl Schmuki, Historische Einführung, in: Von der Limmat zurück an die Steinach. St. Galler Kulturgüter aus Zürich, hg. von der Stiftsbibliothek St. Gallen, St. Gallen 2006, S. 9–14; Franz Weidmann, Geschichte der Bibliothek von St. Gallen seit ihrer Gründung um das Jahr 830 bis auf 1841. Aus den Quellen bearbeitet auf die tausendjährige Jubelfeier, St. Gallen 1841, S. 89–106,

72 Rainer J. Schweizer, Kay Hailbronner und Karl Heinz Burmeister, Der Anspruch von St. Gallen auf Rückerstattung seiner Kulturgüter aus Zürich, Zürich 2002, S. 93–102.

73 Franz Weidmann, Geschichte der Bibliothek von St. Gallen (Anm. 71), S. 101 (Bern) und 103–106, 449 (Zürich).

74 Weidmann, Geschichte der Bibliothek von St. Gallen (Anm. 71), S. 102–111, S. 246–250, S. 439–441.

75 Johann Jakob Scheuchzer, Verzeichnis der im Jahre 1712 aus der Stiftsbibliothek in St. Gallen in die Bürgerbibliothek Zürich überführten Handschriften, Zürich, Zentralbibliothek, C 366; vgl. dazu aus Weidmann, Geschichte der Bibliothek von St. Gallen (Anm. 719, S. 95–96, mit Anm. 296.

76 Weidmann, Geschichte der Bibliothek von St. Gallen (Anm. 71), S. 423–436.

77 Jahresbericht des Landesmuseums Zürich 95 (1986), S. 10.

78 Erwin Poeschel, Die Kunstdenkmäler des Kantons St.Gallen, Bd. III, Die Stadt St.Gallen, 2. Teil, Das Stift, Basel 1961, S. 268–270 (mit Abbildung); Hermann Fietz, Die Kunstdenkmäler des Kantons Zürich, Bd. I, Die Bezirke Affoltern und Andelfingen, Basel 1938, S. 336–337; Rittmeyer, Die Goldschmiedewerke (Anm. 12), S. 6–7; Eduard Achilles Gessler, Die Harschhörner der Innerschweizer, in: Anzeiger für schweizerische Altertumskunde, Neue Folge 27 (1925), S. 83–94 hier S. 92–94 (mit Abbildung); Catalog der Sammlungen der antiquarischen Gesellschaft in Zürich, III. Theil Alamanisch-Burgundische Gräberfunde, Mittelalterliche Abtheilung, Zürich 1890, S. 38, Nr. 1312 https://www.e-rara.ch/snm/content/zoom/30502679 (16.09.2025).

79 Rittmeyer, Die Goldschmiedewerke (Anm. 12), S. 7. Den Purchart-Olifanten erwähnt ausdrücklich Heinrich Canisius, Promptuarium ecclesiasticum, in quo quinquaginta quinque auctores nunquam antea editi continentur, Ingolstadt 1608, S. 786.

80 Rittmeyer, Die Goldschmiedewerke (Anm. 12), S. 7; Karl Schmuki, Liste der St.Galler Kulturgüter in Zürich, in: Der Anspruch von St.Gallen, hg. von Rainer J. Schweizer u.a. (Anm. 72), S. 242–266, hier S. 263.

81 Schweizerisches Nationalmuseum, Archiv Sammlungen, Nachweisakten, AG 1312, Textbeginn: *NB. Das Horn ist auf der einen Seite 19 auf der andern 21. Zoll lang.*

82 Ein Bruder des St.Galler Stiftsbibliothekars Johann Nepomuk Hauntinger (1756–1823).

83 Schweizerisches Nationalmuseum, Archiv Sammlungen, Nachweisakten, AG 1312, Textbeginn: *Beylage zu Nro.: 87. II.te Haupt-Abtheilung, II.te Unterabtheilung, Litt. b. bogen II.* Handzeichnung des Nortpert-Olifanten im Landesmuseum Zürich, Rheinau 1823, LM-68606.190, https://sammlung.nationalmuseum.ch/de/list/collection?searchText=olifant (16.09.2025).

84 Den Bezug zur Antiquarischen Gesellschaft belegt auch eine Transkription der Inschrift auf dem Horn in der Handschrift von deren Gründer, Ferdinand Keller. Schweizerisches Nationalmuseum, Archiv Sammlungen, Nachweisakten, AG 1312; Betreffend Morgengabe von 1898: Mitteilung von Ronja Eggenschwiler vom Nationalmuseum an Cornel Dora, Mail vom 29.08.2025.

85 Siehe Kunz/Müller/Schmitt, Die kolorierten Einblattholzschnitte der Stiftsbibliothek St.Gallen (Anm. 41), S. 60; Peter Parshall und Rainer Schoch, Die Anfänge der europäischen Druckgrafik – Holzschnitte des 15. Jahrhunderts und ihr Gebrauch, Nürnberg 2005, Nr. 18.

86 Dora, Willkommen daheim (Anm. 43), S. 66–89.

87 Stiftsbibliothek St.Gallen, nicht katalogisiert.

88 München, Stadtarchiv, NL Ros 9.

89 München, Stadtarchiv, NL Ros 0006.

90 Für die Auswertung der Korrespondenz dankt die Stiftsbibliothek Franziska Eschenbach M. A., die in einem Forschungsprojekt im Zentralinstitut für Kunstgeschichte München die Privatsammlung von Jacques Rosenthal rekonstruiert.

91 München, Stadtarchiv, NL Ros 9, S. 57.

92 Zur Sammlung Müller Karl Schmuki, Der «Indianer» im Kloster St.Gallen. Georg Franz Müller (1646–1723), ein Weltreisender des 17. Jahrhunderts, 2., revidierte Auflage, St.Gallen 2015; zuletzt: Ruth Wiederkehr, Die Welt im Kloster, in: Nur Du! Einmaliges in der Stiftsbibliothek St.Gallen, hg. von Cornel Dora, Basel 2023, S. 60–67, hier S. 64–65 (mit älterer Literatur und Verweis auf das handschriftliche Inventar Müllers).

93 Schmuki, Der «Indianer» im Kloster St.Gallen (Anm. 92), S. 29, 44 und 48.

94 Ebd., S. 68–74.

95 Cod. Sang. 1278, S. 460–486.

96 Zur Mumie Schepenese. Peter Müller und Renate Siegmann, Die ägyptische Mumie der Stiftsbibliothek St.Gallen, hg. von Cornel Dora, St.Gallen 1998; Konstantin Siegmann, Ch. Scherrer, R. Sterchi und Renate Siegmann, Schepeneses mumifizierte Organe, in: Göttinger Miszellen 240 (2014), S. 37–51; Michael E. Habicht, Cicero Moraes, Renate Siegmann, Francesco M. Galassi and Elena Varotto, The Forensic Facial Reconstruction of Shep-en-Isis, Berlin 2022; Konstantin Siegmann und Renate Siegmann, Chemical Analysis of an Ancient Egyptian Mummy's Intestines, Manuskript im pdf-Format, 2025.

97 Helen Anne B. Rivlin, Muhammad Alī, pasha and viceroy of Egypt, in: Britannica, Version vom 29.07.2025, https://www.britannica.com/biography/Muhammad-Ali-pasha-and-viceroy-of-Egypt (08.09.25).

98 Der Baumwollhandel aus Ägypten mit St.Gallen wurde bisher nicht im Detail untersucht.

99 Zu Roux de Damiani Renate Siegmann, Facts und Figures, Word-Dokument, 28.08.2025, S. 1–2, Stiftsbibliothek, Archiv, Konvolut Schepenese. Zur Verbindung mit der Familie Müller-Friedberg vgl. Karl Müller-Friedberg an Franz Joseph Benedikt Bernold, 1.12.[1821], in: Aus den Papieren des Barden von Riva, hg. von Ernst Götzinger, St.Gallen 1891, S. 492–493, hier S. 492. Müller-Friedberg erwähnt dabei auch den Handel mit der Levante. Zur Bedeutung der Levante für die Baumwollindustrie in der Schweiz vgl. Albert Tanner, Baumwolle, in: Historisches Lexikon der Schweiz (HLS online), Version vom 20.03.2015, https://hls-dhs-dss.ch/de/articles/013961/2015-03-20/ (09.09.2025).

100 Peter Scheitlin, Manuskript zur Mumie, 1820, Text vgl. unten, S. 60–62.

101 Renate Siegmann, Die Mumie und die Särge der Schepenese, in: Schepenese, hg. Dora (Anm. 96), S. 25–64, hier S. 56–59, leicht angepasst aufgrund einer schriftlichen Angabe vom 11.09.2025.

102 Jan Assmann, Schepenese, Word-Dokument, 20.12.2022, S. 1.
103 Ebd.
104 Peter Scheitlin, Manuskript zur Mumie (Anm. 100).
105 Peter Müller, Die Mumie im barocken Bibliothekssaal, in: Schepenese, hg. Dora (Anm. 96), S. 11–23, hier S. 11–14.
106 Ebd., S. 13.
107 Für den Verkauf waren zwei Anläufe notwendig. St. Gallen, Archiv der Katholischen Administration, Protokoll des Katholischen Kollegiums, 15. Juni 1836, Nr. 235. Zum ersten Verkaufsversuch ebd., 10. September 1935, Nr. 1219.
108 Zur Bibliotheksmumie vgl. Ruth Wiederkehr, unten, S. 64–65.
109 Mitteilung von Karl Schmuki aufgrund der Protokolle des Katholischen Konfessionsteils des Kantons St. Gallen 1834/35. Die Ausgabe trägt heute die Signaturen: 60601.1–24 und Vitr. II rechts rechts Kasten I 1–5 und III 1–6.
110 Johann Jakob Bernet, Die Menschheit auf ihrem Schiksals- und Bildungsgange während der vier ersten Jahrtausende (Geschichtliche Unterhaltungen, Bd. 2), St. Gallen 1829, S. 1–75. Zur Publikation Traugott Schiess, Pfarrer Johann Jakob Bernet, 63. Neujahrsblatt, hg. vom Historischen Verein des Kantons St. Gallen, St. Gallen 1923, S. 20–21.
111 T. Zindel, Museographisches aus der Schweiz, in: Zeitschrift für ägyptische Sprache und Altertumskunde 2 (1864), S. 46–47.
112 Hugo Müller, Bericht über die ägyptische Mumie in der Stifts-Bibliothek St. Gallen, Typoskript, Berlin 1934.
113 Bruno Kaufmann, Bericht über die Restaurierung und Konservierung der ägyptischen Mumie aus der Stiftsbibliothek in St. Gallen, durchgeführt im Anthropologischen Forschungsinstitut Aesch, Typoskript in der Stiftsbibliothek St. Gallen.
114 Cornel Dora, Vorwort, in: Schepenese, hg. Dora (Anm. 96), S. 7. Die Ausführung stammt von Josef Geier, St. Gallen.
115 Schepenese, hg. Dora (Anm. 96). Die Publikation wurde durch eine Benefizveranstaltung am 18. Juni 1998 unterstützt, die von Sylvia Mathieu, Ruth Seyfried und Natascha Thurnherr angeregt wurde. Mit über 150 Teilnehmerinnen und Teilnehmern ergab sie einen Erlös von rund 50'000 Franken. Stiftsbibiothek, Archiv, Konvolut Schepenese, Unterlagen zum Buch 1998.
116 Siegmann u.a., Schepeneses mumifizierte Organe (Anm. 96); Siegmann/Siegmann, Chemical Analysis of an Ancient Egyptian Mummy's Intestines (Anm. 96).
117 Habicht u.a., The Forensic Facial Reconstruction of Shep-en-Isis (Anm. 96).
118 Siegmann, Die Mumie und die Särge der Schepenese (Anm. 101), S. 26, ergänzt gemäss schriftlicher Mitteilung vom 11.09.2025.
119 Vgl. beispielsweise Esther Tisa Francini, Perspektivwechsel im Museum. Kolonialität der Archive und Restitutionsdebatten, in: Schweizerisches Landesmuseum, Kolonial (Anm. 62), S 237–269, hier S. 242–244.
120 Beispielsweise im Nationalmuseum der ägyptischen Zivilisation in Kairo, das 2021 eröffnet wurde. Nationalmuseum der ägyptischen Zivilisation, https://de.wikipedia.org/wiki/Nationalmuseum_der_%C3%A4gyptischen_Zivilisation (11.09.2025).
121 St. Gallen, Kantonsbibliothek Vadiana, Vadianische Sammlung der Ortsbürgergemeinde, Nachlass Peter Scheitlin, VadSlg NL 204/7.9, S. 1–7. Transkription Karl Schmuki und Cornel Dora, 2023/25. Es gibt ein zweites, ähnliches Dokument im Nachlass Scheitlin: St. Gallen, Kantonsbibliothek Vadiana, Vadianische Sammlung der Ortsbürgergemeinde, Nachlass Peter Scheitlin, VadSlg NL 204/7.10.
122 Toni Bürgin, St. Gallen-on-Nile, in: Exotic Switzerland, Looking Outward in the Age of Enlightenment, hg. von Noémie Étienne u.a., Zürich 2020, S. 236–237.
123 Heinrich Appenzeller, Der Kupferstecher Franz Hegi von Zürich, 1774–1850, Zürich 1906, Nr. 1157.
124 Erich W. Steinhauer, Mumien & Bibliotheken. Theorie und Praxis der Bibliotheksmumie, Essen 2019, S. 48–49.
125 Steinauer, Mumien (Anm. 124), S. 46–47.
126 Vgl. Peter Müller, Die Mumie im barocken Bibliothekssaal, in: Schepenese, hg. Dora (Anm. 96). S. 18–22.
127 Steinhauer, Mumien (Anm. 124), S. 21–28.
128 Unvollständige Liste bei Steinhauer, Mumien, S. 94–96.
129 Vgl. zum Folgenden (ohne Einzelnachweise) Karl Schmuki, Die Klosterbibliothek St. Gallen als Kuriositätensammlung. In: Ein Tempel der Musen: Die Klosterbibliothek von St. Gallen in der Barockzeit, hg. von Karl Schmuki und Cornel Dora, St. Gallen 1996, S. 40–51; ders., «Das Naturalienkabinett entsprach meiner Erwartung bey solch einem berühmten Stift nicht ganz …» (Anm. 39), S. 183–220.
130 Von der Limmat zurück an die Steinach (Anm. 71), S. 9–10.
131 Zum Fund, der möglicherweise aus frühneuzeitlichen Münzen bestand, vgl. Benedikt Zäch, Kanton St. Gallen I: Mittelalterliche und neuzeitliche Funde, Bern 2001 (Inventar der Fundmünzen der Schweiz 6), S. 48–49, Nr. 2.
132 Alice Denzler, Die Sulzer von Winterthur, Winterthur 1933, S. 174–175, Taf. 5, Nr. 496 (Linie A, VIII. Generation).
133 Dies., S. 176, Taf. 5, Nr. 504 (Linie A, VIII. Generation).
134 Numophylacium Sulzerianum numos antiquos Graecos et Romanos aureos argenteos aereos sistens olim Jacobi Sulzeri Vitodurani Helvetii: cura studio sumtu adornatum iam aeris vetusti elegantibus spectatoribus venum expositum, Gotha, 1777.
135 Zum Begriff: Martin Mulsow, Fremdprägung. Münzwissen in Zeiten der Globalisierung, Berlin 2023, S. 14–16.
136 Stiftsbibliothek St. Gallen, Cod. Sang. 1285, S. 227–232. Vgl. dazu betr. Ankäufe numis-

matischer Literatur: Hanspeter Marti, Klosterkultur und Aufklärung in der Fürstabtei St. Gallen, St. Gallen 2003 (Monasterium Sancti Galli, 2), S. 118, 132, 200, 202.

137 Zur problematischen Rolle von Sager im Kontakt mit Museen, was vor allem Tauschvorgänge von Fundmünzen angeht, die dann in seiner Sammlung landeten, vgl. Zäch, Kanton St. Gallen (Anm. 131), S. 22.

138 Stiftsbibliothek St. Gallen, Cod. Sang. 1488–1498. Vgl. dazu Karl Schmuki, Festschriften aus dem barocken Kloster St. Gallen. In: Codices Sangallenses. Festschrift für Johannes Duft zum 80. Geburtstag, hg. von Peter Ochsenbein, Ernst Ziegler, Sigmaringen 1995, S. 147–178, bes. S. 158–159 und S. 174–177.

139 Stiftsbibliothek St. Gallen, Cod. Sang. 1490–1493. Schmuki, Festschriften (Anm. 138), S. 175–176 Nr. 66; S. 174–175 Nr. 61; S. 175 Nr. 64; S. 176 Nr. 68.

140 Stiftsbibliothek St. Gallen, Cod. Sang. 1488, 1494. Schmuki, Festschriften (Anm. 138), S. 176 Nr. 69; S. 177 Nr. 71.

141 Stiftsbibliothek St. Gallen, Cod. Sang. 1489. Schmuki, Festschriften (Anm. 138), S. 175 Nr. 65.

142 Stiftsbibliothek St. Gallen, Cod. Sang. 1497. Schmuki, Festschriften (Anm. 138), S. 175 Nr. 63.

143 Stiftsbibliothek St. Gallen, Cod. Sang. 1488–1494 und 1497.

144 Stiftsbibliothek St. Gallen, Cod. Sang. 1495 und 1496.

145 Stiftsbibliothek St. Gallen, Cod. Sang. 1498. Vgl. William Eisler, Dassier and sons: an artistic enterprise in Geneva, Switzerland and Europe, 1733–1759, Lausanne 2005 (Cahiers romands de numismatique, 8).

146 Stiftsbibliothek St. Gallen, Cod. Sang. 1487 (*MÜNZ- / WESEN / der Fürstlichen Abteÿ / St. Gallen / vom Ursprunge an bis auf / unsere Zeiten / mit Urkunden erläutert. / Nebst einem vollständigen / Verzeichnisse / aller je von diese[m] Stift / geprägten Münzen / und Medaillen. / 1794*); Publikation: Ueber das Münzwesen der fürstlichen Abtei St. Gallen. Mitgetheilt von Herrn Regierungsrat Hungerbühler in St. Gallen. Erste Beilage, in: Verhandlungen der St. Gallisch-Appenzellischen Gemeinnützigen Gesellschaft, 1849, Nr. 2, S. 17–65.

147 Schmuki, Festschriften (Anm. 138), S. 176–177, Nr. 70.

148 Dies gilt vor allem für Cod. Sang. 1489 und 1497; beide enthalten ein nach dem berühmten Numismatiker Andreas Morell geordnetes, ausführlich kommentiertes Verzeichnis von römisch-republikanischen Silbermünzen (Cod. Sang. 1497) bzw. Silber- und Bronzemünzen (Cod. Sang. 1489). Das 1734 posthum in Amsterdam veröffentlichte Werk von Morell wurde um 1738 von Abt Rudolphi für die Stiftsbibliothek angeschafft, vgl. Schmuki, Festschriften (Anm. 138), S. 175, Anm. 53.

149 Corpus Nummorum, cn type 3158, https://www.corpus-nummorum.eu/types/3158 (09.09.2025).

150 Roman Provincial Coinage, VII.2, 2982, https://rpc.ashmus.ox.ac.uk/coins/7.2/2982 (09.09.2025).

151 All'Antica. Die Paduaner und die Faszination der Antike, hg. von Michael Mathke, Regenstauf 2018, S. 293, Nr. VII.6. Zu Alessandro Cesati ebd, S. 286–287.

152 Vgl. Felix Albrecht, Between Boon and Bane. The Use of Chemical Reagents in Palimpsest Research in the Nineteenth Century, in: Care and Conservation of Manuscripts 13, hg. von Matthew J. Driscoll, Kopenhagen 2012, S. 147–165. In der Stiftsbibliothek St. Gallen beschädigte und verunstaltete Anton Henne, Stiftsbibliothekar 1855–1861, die Fragmente in Cod. Sang. 730 erheblich durch die Verwendung eines chemischen Mittels, wahrscheinlich durch Gioberti-Tinktur. Siehe Karl Schmuki, Fragmentblätter des Edictus Rothari, in: Schafe für die Ewigkeit. Handschriften und ihre Herstellung, St. Gallen 2013, S. 26–27.

153 Franz Ehrle, Über die Erhaltung und Ausbesserung alter Handschriften, in: Centralblatt für Bibliothekswesen 15 (1898), S. 17–33; Franz Ehrle, Die internationale Konferenz in St. Gallen am 30. September und 1. Oktober 1898 zur Beratung über die Erhaltung und Ausbesserung alter Handschriften, Leipzig 1899, S. 27–51; Otto Posse, Handschriften-Konservierung. Nach den Verhandlungen der St. Galler Internationalen Konferenz zur Erhaltung und Ausbesserung alter Handschriften von 1898 sowie der Dresdener Konferenz Deutscher Archivare von 1899, Dresden 1899, S. 1–40.

154 Codex Sangallensis 193 continens fragmenta plurium prophetarum secundum translationem S. Hieronymi (Spicilegium palimpsestorum 1), Beuron 1913. Die Grundlage der Palimpsestfotografie lieferten Ernst Pringsheim und Otto Gradenwitz, bevor sie vom Benediktiner P. Raphael Kögel weiterentwickelt und dann vielfach von seinem Mitbruder P. Alban Dold angewandt wurde. Siehe Ernst Pringsheim und Otto Gradenwitz, Photographische Reconstruction von Palimpsesten, in: Verhandlungen der Physikalischen Gesellschaft zu Berlin 13 (1894), S. 58–60; P. Raphael Kögel, Die Photographie unleserlicher und unsichtbarer Schriften der Palimpseste, in: Studien und Mitteilungen des Benediktinerordens und seiner Zweige 33 (1912), S. 309–315; Raphael Kögel, Die Photographie historischer Dokumente nebst den Grundzügen der Reproduktionsverfahren: wissenschaftlich und praktisch dargestellt, Leipzig 1914; P. Alban Dold, Ueber Palimpsestforschung und das Beuroner Palimpsest-Institut, in: Jahresbericht der Görres-Gesellschaft 1924/1925, Köln 1926, S. 87–108.

155 Siehe z. B. die jüngeren Veröffentlichungen dazu von Helen Davies und Alexander J. Zawacki, Making Light Work: Manuscripts and Multispectral Imaging, in: Journal of the Early Book Society 22 (2019), S. 186–190; Cerys Jones, Christina Duffy, Adam Gibson und Melissa Terras, Under-

standing Multispectral Imaging of Cultural Heritage: Determining Best Practice in MSI Analysis of Historical Artefacts, in: Journal of Cultural Heritage 45 (2020), S. 339–350; New Light on Old Manuscripts. The Sinai Palimpsests and Other Advances in Palimpsest Studies, hg. von Claudia Rapp u. a., Wien 2023; Andreas Janke, Claudia Colini, Kyle Ann Huskin, Sebastian Bosch und Ivan Shevchuk, A Second Look at Multispectral Data of Late Medieval Music Manuscripts, in: Manuscript Studies 9 (2024), S. 90–117. In der Stiftsbibliothek wurde 2022 ein Palimpsest mit Priscians *Institutionen* (Cod. Sang. 872) durch Forscherinnen der Università Sapienza, Rom, mittels multispektraler Bildgebung im Rahmen des Projekts PAGES analysiert.

156 Vgl. Thomas Rainer, Farbstoffe, Pigmente und Metalltuschen: Die Farbigkeit des Goldenen Psalters, in: Der Goldene Psalter von St. Gallen. Cod. Sang. 22, St. Gallen, Stiftsbibliothek. Kommentar zur Faksimile-Edition, hg. von David Ganz, Luzern 2024, S. 149–158.

157 Diesen Aspekt hat die Forschung bisher übergangen. Siehe insbesondere die Rechnung der Bibliothek für das Jahr 1825 über die «Erhaltung der alten Handschriften» mit Ausgaben für an Deckel, Verschluss und Bünden beschädigte Handschriften, für Lederriemen an «zentnerschweren Bücher[n]» (wohl im Sinn von Büchern von einem Gesamtgewicht von einem oder mehreren Zentnern) sowie für das Zusammennähen von zerrissenen Pergamentblättern in 350 Handschriften in Cod. Sang. 1724, S. 115–117, hier S. 117:
Über 300 seit ihrer Reise ins Tyrol, und noch früher an Deckel, Verschluss, und Bunde beschädigte Handschriften hergestellt. Daher die Conten:
Von Buchbinder Bion, und Gürtler 48 [Gulden] *35* [Kreuzer].
Vom Sattler Hug für Riemen an zentnerschweren Bücher 15 [Gulden] *54* [Kreuzer].
In 350 Handschriften die zerrissenen Pergamentblätter zu 250 Taglöhnen mit Seide wieder zusammengenäht 25 [Gulden] *12* [Kreuzer].
Die mit grünem Faden gefertigten Nähte sind noch heute in sehr vielen Handschriften anzutreffen. Beim zweitletzten Ausgabenposten handelt es sich um Lederriemen am Rücken von den wenigen sehr schweren Büchern wie Cod. Sang. 75, 541, 542 und 543 und bzw. oder um die bei zahlreichen Einbänden in der Mitte an der Vorderkante der Deckel angebrachten Schliessen, die Martin Strebel (Mittelalterliche und heutige Einband- und Restaurierungstechniken, in: Papierrestaurierung 4 (2003), S. 21–33, hier S. 23, 32, Anm. 7) gerade auf 1825 datieren konnte. Ausserdem findet man in Cod. Sang. 1724, S. 96, für das Jahr 1824 die Ausgaben für die Neubindung des *Vocabularius sancti Galli* (Cod. Sang. 916) in einem aussergewöhnlichen Messingeinband: *Einband eines Manuscripts in Messing 56* [Kreuzer]. Zu diesem Einband siehe Philipp Lenz, Von der insularen Halbunziale bis zur alemannischen Urkundenminuskel: Kodikologische und paläographische Beobachtungen zur frühen althochdeutschen Überlieferung in Handschriften der Stiftsbibliothek St. Gallen, in: Wörter – Texte – Schreiberhände. Sprachliche und kulturelle Wechselbeziehungen zwischen Fränkischem Reich, Irland und Britannien im Frühmittelalter, hg. von Brigitte Bulitta und Stephen Pelle, unter Mitarbeit von Robert Getz u. a., Berlin 2024, S. 87–155, hier S. 92. Den Hinweis auf die Rechnungen verdanke ich Dr. Karl Schmuki.

158 Johannes Duft, Erschliesser der St. Galler Handschriften, in: Ildefons von Arx 1755–1833. Bibliothekar, Archivar, Historiker zu St. Gallen und Olten. Gedenkschrift aus Anlass seines 200. Geburtstages, hg. von Eduard Fischer, Olten 1957, S. 9–34.

159 Vgl. Wilhelm Wattenbach, Das Schriftwesen im Mittelalter, 3. Aufl., Leipzig 1896, S. 299–317; Elias A. Lowe, Codices Rescripti. A List of the Oldest Latin Palimpsests with Stray Observations on their Origin, in: Palaeographical Papers 1907–1965, Bd. 2, hg. von Ludwig Bieler, Oxford 1972, S. 480–519; Bernhard Bischoff, Paläographie des römischen Altertums und des abendländischen Mittelalters, 4. Aufl., Berlin 2009, S. 26–27.

160 Vgl. Francesco Lo Monaco, In codicibus … qui Bobienses inscribuntur: scoperte e studio di palinsesti bobbiesi in Ambrosiana dalla fine del Settecento ad Angelo Mai (1819), in: Aevum. Rassegna di scienze storiche, linguistiche e filologiche 70 (1996), S. 657–719, hier S. 672–698; Emanuel Zingg, Written Sources on the Use of Reagents in the Palimpsests Veronenses XV, XL and LXII: Towards an Archaeology of Destruction, in: Palimpsests and Related Phenomena across Languages and Cultures, hg. von Jost Gippert u. a., Berlin 2024, S. 21–55, hier S. 25–26.

161 Am 21.12.1816 berichtete der deutsche Gelehrte Barthold Georg Niebuhr in einem Brief, er habe von Friedrich Heinrich von der Hagen gehört, dass Ildefons von Arx wiederbeschriebene Blätter, also Palimpseste, gesammelt habe. Siehe dazu Eduard Vischer, Ildefons von Arx und Barthold Georg Niebuhr, in: Ildefons von Arx 1755–1833 (Anm. 158), S. 79–99, hier S. 83 mit Anm. 1.

162 Stiftsbibliothek St. Gallen, Cod. Sang. 1395, ehemals S. 469–473, wo Cod. Sang. 908, 912, 193, 567, 194, 213, 722, 872 und 18 angeführt und beschrieben sind. Der Fragmentenband Cod. Sang. 1395 wurde laut Titelblatt 1822 fertiggestellt. Da auf S. 470 die acht Blätter der Merobaudes-Fragmente in Cod. Sang. 908 als *Panegyris in Aetium* angeführt sind, kann man davon ausgehen, dass der Eintrag erfolgte, bevor Niebuhr 1823 dieses Werk dem Merobaudes zuschrieb. In Cod. Sang. 908, der ein Titelblatt aus dem Jahr 1823 besitzt (S. 7 des

Vorsatzes), notierte Ildefons von Arx auf S. 12 des Vorsatzes bereits die Zuweisung an Merobaudes.

163 Vischer, Ildefons von Arx und Barthold Georg Niebuhr (Anm. 161), besonders S. 86–96.

164 Fl. Merobaudis carminum panegyricique reliquiae ex membranis Sangallensibus editae, hg. von Barthold Georg Niebuhr, St. Gallen 1823; Ildefons von Arx, in: Magazin für katholische Religionslehrer 24, 1. Bd., 2. Heft, Landshut 1824, S. 175–183; Religionsfreund für Katholiken 3, 1. Bd., 5. Heft, Würzburg 1824, Sp. 697–704. Siehe ebd. das Vorwort, Sp. 698. Vgl. Alban Dold, Palimpsest-Studien I, Beuron 1955, S. 1–36, hier besonders S. 2–5, 9–10. Zu Cod. Sang. 908 siehe Elias A. Lowe, Codices Latini Antiquiores, Part VII, Oxford 1956, Nr. 953, 958; Bernhard Bischoff, Katalog der festländischen Handschriften des neunten Jahrhunderts (mit Ausnahme der wisigotischen), Teil III: Padua – Zwickau. Aus dem Nachlass hg. von Birgit Ebersberger, Wiesbaden 2014, Nr. 5872.

165 Josef A. Jungmann, Die vormonastische Morgenhore im gallisch-spanischen Raum des 6. Jahrhunderts, in: Zeitschrift für katholische Theologie 78 (1956), S. 306–333, hier S. 307–312, 331–333; Klaus Gamber, Codices Liturgici Antiquiores, Pars 1, 2. Aufl., Freiburg 1968, S. 156–158, Nr. 201; Matthieu Smyth, La liturgie oubliée. La prière eucharistique en Gaule antique et dans l'Occident non romain, Paris 2003, S. 53–55.

166 Stiftsbibliothek St. Gallen, Cod. Sang. 692, S. II; Cod. Sang. 610, S. 324, 325; Cod. Sang. 1724, S. 16–17. Johannes Duft, Einfluss der Martins-Vita auf den St. Galler Klosterplan, in: Schweizer Beiträge zur Allgemeinen Geschichte 9 (1951), S. 252–256, hier S. 255–256; Duft, Erschliesser (Anm. 158), S. 21–22. Bei diesem chemischen Mittel handelt es sich um Ammoniumhydrogensulfid (NH_4HS) in einer Wasserlösung, das in früheren Jahrhunderten unter den Bezeichnungen *Hepar sulphuris volatile*, «flüchtige Schwefelleber», «Schwefelammonium», «Schwefelammoniak», «Ammoniumschwefel» etc. bekannt war und als das am wenigsten schädliche Mittel unter den Reagenzien für die Behandlung von Palimpsesten angesehen wurde. Vgl. Posse, Handschriften-Konservierung (Anm. 153), S. 4, Anm. 1; Albrecht, Between Boon and Bande (Anm. 152), S. 154 mit Anm. 16.

167 Lo Monaco, In codicibus ... qui Bobienses inscribuntur (Anm. 160), S. 709, Anm. 213; Zingg, Written Sources (Anm. 160), S. 27 und S. 50, wo der Quellentext (S. 11) abgedruckt ist.

168 Georg Heinrich Pertz, Italiänische Reise vom November 1821 bis August 1823, in: Archiv der Gesellschaft für Ältere Deutsche Geschichtskunde zur Beförderung einer Gesammtausgabe [!] der Quellenschriften deutscher Geschichten des Mittelalters 5 (1824), S. 1–514, hier S. 511–512; siehe auch S. 462 (wohl zu Cod. Sang. 878, S. 321); Friedrich Adolph Ebert, Zur Handschriftenkunde, Leipzig 1825, S. 83–85; Brigitte Gullath, Handschriftenkunde, in: Lebendiges Büchererbe. Säkularisation, Mediatisierung und die Bayerische Staatsbibliothek. Eine Ausstellung der Bayerischen Staatsbibliothek München, 7. November 2003–30. Januar 2004, München 2003, S. 80–86, hier S. 83–85.

169 Posse, Handschriften-Konservierung (Anm. 153), S. 4, Anm. 1; Albrecht, Between Boon and Bane (Anm. 152), S. 154 mit Anm. 16.

170 Georg Heinrich Pertz, Italiänische Reise (Anm. 168), S. 512. Vgl. auch Leopold Franz Herrmann, Handbuch der practischen Arzeneymittellehre, Bd. 1, Wien 1826, S. 139, 141.

171 Siehe den Brief von Niebuhr an von Arx (Cod. Sang. 1746) gemäss Vischer, Ildefons von Arx und Barthold Georg Niebuhr (Anm. 161), S. 88, Anm. 2.

172 Duft, Einfluss der Martins-Vita (Anm. 166), S. 255–256; Duft, Erschliesser (Anm. 158), S. 21–22.

173 Johannes Duft und Rudolf Schnyder, Die Elfenbein-Einbände der Stiftsbibliothek St. Gallen, Beuron 1984, S. 80, 159 (4.11). Dasselbe Verfahren wurde 1975 für die Datierung des Holzkastens von Cod. Sang. 359 verwendet. Siehe ebd., S. 117. Vgl. Andreas Rzepecki, Mechthild Neyses-Eiden, Thomas Frank, Barbara Diethelm, Franz Herzig und Willy Tegel, Missing Link in Late Antiquity? A Critical Examination of Hollstein's Central European Oak Chronology, in: Dendrochronologia 54 (2019), S. 20–28, wo das Werk von Ernst Hollstein, der die Untersuchung am *Evangelium Longum* durchführte, gewürdigt und ergänzt wird. https://doi.org./10.1016/j.dendro.2019.01.003.

174 Vgl. z.B. Anna Di Majo, Carlo Federici und Marco Palma, La pergamena dei codici altomedievali italiani. in: Scriptorium 39 (1985), S. 3–12; Anna Di Majo, Carlo Federici und Marco Palma, Indagine sulla pergamena insulare (secoli VI–XVI), in: Scriptorium 42 (1988), S. 131–139.

175 Robert Fuchs und Doris Oltrogge, Ergebnisse einer technologischen Untersuchung des St. Galler Klosterplans, in: Studien zum St. Galler Klosterplan II, hg. von Peter Ochsenbein und Karl Schmuki, St. Gallen 2002, S. 307–331, hier S. 307, 308, 311. Vgl. J. Burger, I. Pfeifer, S. Hummel, R. Fuchs, B. Brenig und B. Herrmann, Mitochondrial and Nuclear DNA from (Pre)Historic Hide-Derived Material, in: Ancient Biomolecules 3 (2001), S. 227–238. Auch Bernhard Bischoff (Die Entstehung des Klosterplans aus paläographischer Sicht, in: Studien zum St. Galler Klosterplan, hg. von Johannes Duft, St. Gallen 1962, S. S. 67–78, hier S. 73, Anm. 16) vertrat die Meinung, dass Kalbspergament als Unterlage für den Klosterplan diente.

176 Vgl. Sarah Fiddyment, Matthew Teasdale und Jiří Vnouček, So You Want to Do Biocodicology? A Field Guide to the Biological

Analysis of Parchment, in: Heritage Science 7 (2019), Article number 35.
177 Jiří Vnouček, Analyse des Pergaments (mit einem vergleichenden Blick auf Cod. Sang. 23), in: Der Goldene Psalter von St.Gallen. Cod. Sang. 22, St.Gallen, Stiftsbibliothek. Kommentar zur Faksimile-Edition, hg. von David Ganz, Luzern 2024, S. 159–162.
178 Dan Bradley, Sadbh Carrick, Valeria Mattiangeli und Vitctoria Mullin, DNA Analysis of St.Gallen Parchments Written in Irish Script, in: Words on the Wave. Ireland and St.Gallen in Early Medieval Europe, hg. von Matthew Seaver u. a., Dublin 2025, S. 88–101. Der Befund zur Tierart lautet eigentlich *cattle* (= Vieh im Sinn von Kalb, Rind, Milchkuh).
179 Johannes Duft, Peter Meyer, Die irischen Miniaturen der Stiftsbibliothek St.Gallen, Olten 1954, S. 103–104; Lowe, Codices Latini Antiquiores, Part VII (Anm. 164), Nr. 988; Carol A. Farr, Reused, Rescued, Recycled. The Art Historical and Palaeographic Contexts of the Irish Fragments, St Gallen Codex 1395, in: An Insular Odyssey. Manuscript Culture in Early Christian Ireland and Beyond, hg. von Rachel Moss u. a., Dublin 2017, S. 175–193, hier S. 176, 178–188.
180 Bradley u. a., DNA Analysis (Anm. 178).
181 Die genaue Zuordnung ist nicht immer eindeutig. So schreibt Johannes Duft, Die Stiftsbibliothek Sankt Gallen. Der Barocksaal und seine Putten, St.Gallen 1982, S. 71, dass es nicht immer leicht sei «unwidersprüchlich zu bestimmen, um welche Allegorien es sich handelt».
182 Johannes Duft, Die Stiftsbibliothek St.Gallen. Der Barocksaal und seine Putten, 4. weitergeführte Auflage, St.Gallen 1990, S. 64–68.
183 Möglicherweise verwandt mit dem Holzpflegemittel, das bei der Restaurierung des Bodens entfernt wurde. Siehe dazu den Jahresbericht der Denkmalpflege des Kantons St.Gallen 2020, S. 65–66
184 Diese wurden für das Buch von Duft, Die Stiftsbibliothek (Anm. 181 und 182) fotografiert.
185 Verband der Restauratoren, Grundsatzpapiere, https://www.restauratoren.de/beruf/grundsatzpapiere/ (17.9.2025).
186 Bis jetzt nicht öffentlich publizierte Arbeit von Màrcia Bieri zur Ausbildung «Handwerk in der Denkmalpflege».
187 Im Gegensatz zu den fototechnischen Rekonstruktionen in Johannes Duft und Tibor Missura-Sipos, Putten: Allegorien von Gewerbe, Künsten und Wissenschaft, St.Gallen 1996, wurden für die aktuellen Rekonstruktionen die modellierten Varianten für eine Beurteilung in situ platziert.
188 Siehe das Verzeichnis Katholisches Kulturerbe, https://sg.kath-kulturerbe.ch.zetcom.net/de/ (17.9.2025).
189 Siehe zuletzt Cornel Dora, Willkommen daheim (Anm. 43), S. 66–89.
190 So wurde der Verkauf der Einblattdrucke 1930 in der Schweizer Presse betitelt.
191 Michael Tomaschett, Johann Ulrich Schnetzler, in: Sikart, Lexikon zur Kunst in der Schweiz 2019, erstmals publiziert 1998, https://recherche.sik-isea.ch/de/sik:person-4023545:exp/in/sikart/actor/list (17.9.2025).
192 Siehe zu den vielen Porträts von Fürstabt Beda Angehrn Lorenz Holenstein, Über das Leben und Wirken des Fürstabts Beda Angehrn und seine nächsten Verwandten, in: Oberberger Blätter 1964, S. 5–24.
193 Das Reisealtärchen gehört nicht zu der unter Bischof Greith angekauften Sammlung spätgotischer Gemälde bzw. stammt mit hoher Wahrscheinlichkeit aus dem Kloster, weil Bibliothekar Franz Weidmann (1774–1843) es schon 1823 in der Handschriftenkammer beschrieb: *ein Christus mit Dornenkron und eine leidende Maria beide nach van Eik.* (unpubliziertes, nicht katalogisiertes Typoskript, Hinweis von Karl Schmuki).
194 Valentine Hendericks, Le diptyque de Christ couronné d'épines et de la Mater dolorosa au Musée national d'histoire et d'art de Luxembourg – Un oeuvre exceptionelle et inédité d'Albrecht Bouts, in: Empreintes 5 (2014), S. 32–41.
195 London, National Gallery, Inv. Nr. NG 711–712, um 1457.
196 Paris, Louvre, Inv. Nr. 1994 und 1986, um 1459.
197 Luxemburg, Musée national d'histoire et d'art, um 1459.
198 Dies geht aus einem Protokoll der Bibliothekskommission aus jenem Jahr hervor, siehe Schmuki, «Das Naturalienkabinett entsprach meiner Erwartung bey solch einem berühmten Stift nicht ganz ...» (Anm. 39), S. 209.
199 Poeschel, Kunstdenkmäler (Anm. 78), S. 89.
200 Bernd Konrad, Katalog der Gemälde des 15. und 16. Jahrhunderts in den Bischöflichen Stiftssammlungen und in der Stiftsbibliothek St.Gallen (unpubliziertes Typoskript), St.Gallen 1998, Nr. 19.
201 Walter L. Strauss, The Illustrated Bartsch, Netherlandish Artists: Hendrik Grotius, New York 1980, Nr. 399.
202 So zuletzt noch bei Johannes Huber, Entlang der Fürstenlandstrasse. Die Kulturlandschaft der Abtei St.Gallen, St.Gallen 2008, Bd. 1, S. 105.
203 Das Gemälde fehlt im Oeuvrekatalog von Josef Strasser, Januarius Zick (1730–1797). Gemälde, Graphik, Fresken, Weissenhorn 1994. Stilistisch passt das Gemälde nicht zu dem ungleich begabteren Zick. Ausserdem signierte dieser mit ausgeschriebenem Namen.

Register der Objekte und Handschriften

Abbildungsnachweise
Elena Kaeser: Umschlagbild, 6, 9, 15, 21, 23, 25, 27, 29, 33, 35, 39, 41, 49, 53, 69, 71, 73, 75, 76, 77, 85, 89, 91, 93, 95
Christa Schaffert: 19, 37, 46, 59, 81, 83
Schweizerisches Nationalmuseum: 50–51
Stadtarchiv der Ortsbürgergemeinde St. Gallen: 63
Stiftsbibliothek St. Gallen: 57, 65

WUNDERKAMMER
STIFTSBIBLIOTHEK

Umschlag
Die Handschriftenkammer der Stiftsbibliothek um 1900,
mit Gemälden und Objekten aus der Wunderkammer.
St. Gallen, Stiftsbibliothek, Fotosammlung, Historische Aufnahmen.

WUNDERKAMMER STIFTSBIBLIOTHEK
SCHÖNES UND KURIOSES GESTERN UND HEUTE

TEIL 2
DIE WUNDERKAMMER

Winterausstellung
25. November 2025 bis 19. April 2026

Herausgegeben von
Cornel Dora und Ulrike Ganz

Verlag am Klosterhof, St. Gallen
Schwabe Verlag, Basel
2025

Gestaltung und Satz
TGG Visuelle Kommunikation, St.Gallen

Druck und Ausrüstung
Cavelti AG, Gossau

Bestelladressen
Stiftsbibliothek St.Gallen
Klosterhof 6d
9000 St.Gallen / Schweiz
stibi@stibi.ch
www.stiftsbibliothek.ch

Schwabe Verlag
www.schwabe.ch
Schweiz:
Buchzentrum AG
Industriestr. Ost 10
6414 Hägendorf/Schweiz
kundendienst@buchzentrum.ch
Deutschland, Österreich, übrige Länder:
Brockhaus Kommissionsgeschäft GmbH
Postfach
70803 Kornwestheim/Deutschland
info@brocom.de

St.Gallen: Verlag am Klosterhof, 2025
ISBN 978-3-905906-61-5

Basel: Schwabe Verlag,
Schwabe Verlagsgruppe AG, 2025
ISBN 978-3-7965-5343-1

ULRIKE GANZ

DIE WUNDERKAMMER IN DER KLOSTERZEIT

Die Kunst- und Wunderkammern der Frühen Neuzeit gelten als Vorläufer der modernen Museen und waren Spiegel einer Epoche, in der sich das Verhältnis von Wissen, Neugier und Weltaneignung wandelte.[1] Sie entstanden infolge des Zeitalters der Entdeckungen, als eine Flut unbekannter und fremdartiger Dinge aus aussereuropäischen Ländern nach Europa gelangte, die sich nicht in die traditionelle Ordnung des Wissens einfügen liessen. In diesen Sammlungen sollte die Vielfalt der Schöpfung – das Natürliche wie das vom Menschen Geschaffene – sichtbar, greifbar und erklärbar werden. Naturalia, Artificialia, Scientifica und Exotica traten hier gleichrangig nebeneinander auf und eröffneten ein enzyklopädisches Panorama, das den Makrokosmos der Welt im Mikrokosmos des Kabinetts abbildete.[2] Naturalia bezeichnete die Schätze der Natur (Mineralien, Fossilien, Tiere), Artificialia die von Menschen geschaffenen Kunstwerke, Scientifica die wissenschaftlichen Instrumente und Exotica die aus fernen Ländern importierten Objekte. Die Wunderkammer war damit nicht nur eine Ansammlung seltener und «kurioser» Dinge, sondern ein Denk- und Erfahrungsraum, in dem Bücherwissen und Anschauung, Glaube und Empirie, Neugier und Repräsentation verbunden wurden.

Die Begriffe «Kuriosität» und «Kuriositätensammlung» leiten sich vom lateinischen Wort *curiositas,* «Neugier», ab. Und tatsächlich spielte die Neugier beim Entstehen der ersten Wunderkammern eine zentrale Rolle. Im Mittelalter war die *curiositas* eher negativ besetzt. Der Kirchenvater Augustinus bezeichnete sie im 10. Buch seiner Bekenntnisse noch als «Wollust der Augen» *(concupiscentia occulorum)*, die zu einer heillosen Weltverfallenheit führe, weil der Mensch noch an den geringsten Gegenständen Gefallen fände und sich selbst Erkenntnis zuschreibe, anstatt in Gott das Licht zu erkennen, das das menschliche Verstehen erst ermögliche.[3] Laut dem Philosophen Hans Blumenberg (1920–1996) führte das Zeitalter der Entdeckungen zu einer gigantischen Weltinventur und Umbewertung der Neugier. Sie wurde nun zur Tugend und alles Kuriose erstrebens- und sammelnswert.[4]

Der Fürstabtei St. Gallen und insbesondere ihrer Bibliothek kommt dabei besondere Bedeutung zu. Hier zeigt sich exemplarisch, wie sich die europäische Sammelkultur zwischen Renaissance und Aufklärung veränderte. Von Beginn an bestand hier ein enger Zusammenhang zwischen Bibliothek und Wunderkammer: Die Bücher boten das theoretische Fundament, die Objekte dessen materielle Entsprechung. Beide speicherten Wissen.

Reiseberichte des 18. Jahrhunderts geben wertvolle Einblicke, wo und wie die Sammelstücke im Kloster St. Gallen gezeigt wurden. Bereits im Vorgängerbau des heutigen Barocksaals, der 1553 errichteten Bibliothek von Fürstabt Diethelm Blarer (Fürstabt 1530–1564), wurden Besuchern der grosse Erd- und Himmelsglobus und Raritäten wie Kristalle, Muscheln oder ein in einem Pferdebauch gefundener Stein gezeigt – ebenso wie eine lange Karte von Paris, die an der Wand hing.[5]

Mit dem Neubau des Bibliothekssaals von 1758 bis 1767 änderte sich die Präsentation der Sammlung: Ein reisender Pater aus Kremsmünster namens Beda Plank (1741–1830) berichtete 1779, dass im heutigen Barocksaal über den Fenstern Kunstwerke zusammen mit grösseren Naturalien angeordnet und die Fenstergewände mit Stichen geschmückt waren. Weitere Mineralien, Muscheln und andere Kuriositäten, technische und mathematische sowie astronomische Instrumente wurden in der Handschriftenkammer verwahrt.[6] Wo genau zwei *grosse Pulte von florentiner Marmor mit Dendriten und Ruinenmarmor*[7] Platz fanden, ist nicht überliefert.

Zum kuriosen Reiz aller Dinge gehörten wesentlich auch wundersame oder schaurige Geschichten:[8] Der Becher aus Steinbockshorn von Fürstabt Joseph von Rudolphi half angeblich gegen Giftanschläge. Eine ähnliche Funktion hatte der Pokal aus Straussenei, weil man sich erzählte, der Vogel könne Eisen fressen. Mit dem Schwert war einem reformatorischen Prediger der Schädel gespalten worden und so weiter.

Die Sammlung entstand über Jahrhunderte – von der Renaissance bis zum Ende des 18. Jahrhunderts – und lässt sich nicht ganz mit systematisch angelegten klassischen Kunst- und Wunderkammern der Fürstenhöfe vergleichen.[9] Viele Objekte waren Schenkungen. Medaillen, Gemälde, Instrumente, Naturalien und Fossilien fanden so ihren Weg ins Kloster St. Gallen. Reiseberichte beschreiben die Aufstellung in geschlossenen Schränken und Kästen, in denen Manuskripte einerseits, Kunstwerke und Naturalien andrerseits neben- und übereinander präsentiert wurden, wie beispielsweise Schwerter oder die *Ostindische Sammlung* des Weltreisenden Georg Franz Müller (1646–1723), getrocknete Zitronen und der Rachen eines Haifischs. Einzig die Mineralien waren in einem eigenen Schrank gelagert – offensichtlich in ziemlichem Durcheinander, wie ein Besucher amüsiert notierte.

Die St. Galler Sammlung ist kein homogen angelegtes «Werk», sondern das Resultat stetiger Anreicherung. Nur in Einzelfällen lässt sich gezielte Sammeltätigkeit nachweisen, vor allem beim Münzkabinett unter Fürstabt Joseph von Rudolphi (Fürstabt 1717–1740). Die Schwerpunkte wechselten: Mal wurden Gemälde erworben[10], später Mineralien und Muscheln. Ein beträchtliches Wachstum verzeichnete die Naturaliensammlung unter Fürstabt Beda Angehrn

(Fürstabt 1767–1796); ein Donatorenbuch dokumentiert mehrere Hundert Neuzugänge von nah und fern.[11]

Die Entwicklung spiegelt Verschiebungen in der Wissenskultur wider. Während Wunderkammern des 16. und 17. Jahrhunderts noch vom Denken in Ähnlichkeitsbeziehungen zwischen Mikrokosmos und Makrokosmos geprägt waren, setzte sich im 18. Jahrhundert zunehmend ein analytisches, klassifizierendes Verständnis durch.[12] Auch in St. Gallen zeigt sich dies: Mineralien- und Muschelsammlungen folgen stärker naturkundlicher Logik, während frühere Kuriositäten noch barockes Staunen stimulieren wollen.

Charakteristisch bleibt, dass die St. Galler Wunderkammer nie eine reine Schausammlung war. Viele Objekte befanden sich in verschlossenen Schränken und waren nur einzelnen Besuchern zugänglich. Anders als in den berühmten Wunderkammern wie etwa in Schloss Ambras im Tirol spielte Überwältigung der Betrachter durch ausgestellte Überfülle in St. Gallen keine wichtige Rolle; stattdessen dominierte eine gelehrte, zurückhaltende Präsentation, die Staunen mit Einsicht verband. Überdies befanden sich die Bibliothek und die Handschriftenkammer innerhalb der Klausur. Das bedeutete, dass nur wenige männliche Besucher in den Genuss einer Führung kommen konnten. Die einzige Frau zur Klosterzeit war Franziska Herzogin von Württemberg (1748–1811), die 1787 zusammen mit ihrem Mann Herzog Karl Eugen (1728–1793) den Barocksaal der Stiftsbibliothek besuchen durfte – was übrigens beim Abt prompt Gewissensbisse auslöste.[13]

Der Niedergang der Wunderkammern vollzog sich im ausgehenden 18. Jahrhundert. Angesichts der drohenden Invasion französischer Truppen im Jahr 1797 liess Fürstabt Pankraz Vorster (1753–1829, Fürstabt ab 1796) die Münz- und Kuriositätensammlung zusammen mit den Handschriften- und weiteren Buchbeständen in Fluchtkisten nach Tirol schaffen.[14] Ein erhaltenes Inventar der Fluchtkisten zeigt, dass viele Raritäten ihren Weg zurück nach St. Gallen fanden, aber offensichtlich nicht alle, so etwa ein *Hohlspiegel aus der Bibliothek* und zahlreiche Glasgemälde.[15]

Nach der Aufhebung des Klosters wurde der Grossteil der Naturaliensammlung an das neue katholische Knabengymnasium (heute «flade») weitergegeben. Nur vereinzelte Stücke blieben in der Bibliothek zurück – und zeitgenössische Berichte, die einen Eindruck der einstigen Vielfalt vermitteln. Frühe Fotografien zeigen ausserdem, dass noch bis gegen 1900 Skulpturen und Gemälde auf den Schränken in der Handschriftenkammer standen. In den Fenstergewänden des Barocksaals waren noch immer Kupferstiche zu sehen und von der Decke hing von 1857 bis in die 1930er-Jahre ein gewaltiger Kronleuchter aus Muranoglas, der aus dem Kantonsratssaal in die Bibliothek gekommen war.[16]

Heute erlebt die Wunderkammer als museales Konzept eine Renaissance. Viele Museen – in Deutschland an 22 Orten – inszenieren Kuriositätenkabinette, um Staunen erfahrbar zu machen. Die St. Galler Sammlung ist kein geschlossenes Modell, sondern ein Zeugnis sich wandelnder Wissens- und Sammlungskultur, geprägt von Neugier, klösterlichen Bedingungen und globalen Verflechtungen. Bücher, Dinge, Glaube, Wissenschaft, regionale Tradition und weltumspannende Horizonte verbanden sich zu einem einzigartigen Ensemble, von dem nur noch spärliche Reste erhalten sind.

So eröffnet die St. Galler Wunderkammer einen Blick in eine Epoche, in der Sammeln nicht nur der Erhaltung von Wissen diente, sondern selbst ein Erkenntnisakt war – ein Versuch, die Vielfalt der Welt innerhalb der Mauern eines Klosters sichtbar zu machen.

Franz Weidmann, Geschichte der Bibliothek von St. Gallen seit ihrer Gründung um das Jahr 830 bis auf 1841. Aus den Quellen bearbeitet auf die tausendjährige Jubelfeier, St. Gallen 1841, Titel-Lithografie von Johannes Jakob Tribelhorn (1804–1874).

Die Handschriftenkammer der Stiftsbibliothek 1841, in der die Wunderkammer untergebracht war.

Lith: v. Tribelhorn

Manuscripten Cabinet.

ULRIKE GANZ

MEDICINALIA – HEILENDES

1

Viele Objekte in den Kunst- und Wunderkammern wurden nicht allein wegen der Kostbarkeit ihres Materials oder ihrer künstlerischen Raffinesse geschätzt, sondern auch, weil bestimmten mineralischen, pflanzlichen oder tierischen Stoffen naturmagische Heilkräfte nachgesagt wurden. Dies galt besonders zur Vorbeugung von Vergiftungen. Solche Objekte waren auch in der St.Galler Sammlung vertreten.

Zum Staunen über die jeweilige Kuriosität gehörten wesentlich die Geschichten, die sich mit den Naturalia, Artificialia, Mirabilia und Scientifica verbanden: Erst durch eine Erzählung wurde ein gewöhnliches Büffelhorn zur Greifenklaue, die Gift im Getränk abwehrte.[17] Und weil in der Literatur beschrieben war, dass der Vogel Strauss Eisen fressen könne, schützte ein Schluck aus dem Strausseneipokal vor Übeln und Anschlägen.[18] Einen weiteren medizinischen Schutzzauber versprach der Becher aus Steinbockshorn, den Fürstabt Joseph von Rudolphi im 17. Jahrhundert mitsamt schriftlicher Garantie bei einem Tiroler Händler erwarb. Als versteinertes Blut der Medusa galt die Koralle als Amulett gegen Gifte. Besonders beliebt waren auch sogenannte «Natternzungen» (eigentlich fossile Haifischzähne), die gegen Krankheiten, besonders gegen die Pest, helfen sollten.[19]

Ob man im 18. Jahrhundert tatsächlich an solche Versprechungen glaubte oder die wundersamen Objektbiografien eher augenzwinkernd erzählte, lässt sich nicht eindeutig belegen. Sicher ist, dass die Anekdoten den Reiz der Kuriositäten steigerten.[20] Auch die prunkvolle Reiseapotheke von Fürstabt Joseph von Rudolphi (Fürstabt 1717–1740) enthielt neben echten Medikamenten Reliquienpulver zum Einnehmen. Naturmagisch-alchemistische Vorstellungen hielten sich in der Komplementärmedizin bis ins 18. Jahrhundert hinein und fanden Nachhall in der späteren Homöopathie. Sie beruhten auf der gleichen philosophischen Annahme, die für das Verständnis der Kunst- und Wunderkammern zentral ist: dem Glauben an ein Spiegelungsverhältnis zwischen dem Mikrokosmos Mensch und dem Makrokosmos der Natur. So sahen Theoretiker und Mediziner des 16. und 17. Jahrhunderts in der optischen Ähnlichkeit bestimmter Heilpflanzen mit menschlichen Organen einen göttlichen Fingerzeig auf ihre Wirksamkeit.[21] Einer der wichtigsten Vertreter dieser «Signaturenlehre» war Theophrast von Hohenheim, genannt Paracelsus (1493/94–1541), der auch als Leibarzt von Fürstabt Diethelm Blarer (Abt 1530–1564) wirkte.[22]

RELIQUIENPULVER IN DER REISEAPOTHEKE

Die Reiseapotheke des Fürstabts von St.Gallen[23] ist ein prunkvolles Repräsentationsobjekt, das in geöffnetem Zustand an einen Miniatur-Kabinettschrank erinnert und einer Kunst- und Wunderkammer würdig war.

Anonym
um 1730–1740
Nussbaum, Stucco lustro, Scagliola, Elfenbein, Metall, Glas
St.Gallen, Domschatz
Inv. Nr. 318

Die Reiseapotheke galt als Schatzobjekt. Neben einem guten Sortiment an Medikamenten enthielt sie auch Reliquien.

Sie besteht aus einer truhenförmigen Kassette aus Nussbaumholz. Entriegelt man das Schloss an der Vorderseite, lassen sich der Deckel und zwei Fronttüren aufklappen und 38 Schubladen in Front und Flügeln werden sichtbar. Zuoberst befindet sich eine von einer vergoldeten Balustrade eingefasste Etage, auf der 15 Flakons und 10 weitere Gefässe arretiert sind. Die gesamte Innenseite ist aufwändig intarsiert. In den Deckel ist eine scharlachrote Scagliola-Platte eingesetzt, in die ein vierstrahliger Stern aus Elfenbein und Holz eingelegt ist. Auch die Fronten der Schubladen sind mit rotem Stucco lustro verkleidet. Zwei seitliche Tragegriffe suggerieren einen mobilen Gebrauch, sind aber fast zu filigran dafür.

Zum Geist der Wunderkammern passen Erscheinungsbild und Bestückung der Miniaturapotheke, die nicht nur klassische Medikamente nach heutigem Verständnis enthielt, sondern zusätzlich Elemente, denen eine magische Wirkung zugesprochen wurde: Reliquien, die in Papier eingewickelt und mit Heiligennamen beschriftet waren.[24] Wenn die herkömmliche Medizin nicht mehr wirkte, konnte zerstossenes Knochenmaterial als Arznei verabreicht und grössere Knochenstücke berührt werden. Die Fläschchen enthielten heilige Öle.

Ob das fragile Repräsentationsobjekt jemals auf Reisen ging, ist nicht belegt. Wegen seiner praktischen Grösse war es aber geeignet dafür, in der Sänfte transportiert zu werden.[25] Zu Hause stand dem Fürstabt eine gute Hofapotheke zur Verfügung. Obendrein brachen die Fürstäbte im 17. und 18. Jahrhundert oft zu Badekuren auf, allen voran der von Nierenkoliken geplagte Bernhard Müller (Fürstabt 1594–1630).[26]

Wer der Schöpfer der Reiseapotheke war, ist nicht überliefert. Die Rechnungsbücher enthalten keine Hinweise darauf. Als Auftraggeber kommt am ehesten Fürstabt Joseph von Rudolphi infrage. Als Ebenisten vermutet Johannes Huber Gabriel Loser.[27] In der Regel wurden kostbare Reiseapotheken in Zusammenarbeit mehrerer Kunsthandwerker geschaffen. Dies belegen Exemplare in anderen Museen.[28] Bei der St.Galler Reiseapotheke ist das Besteck nicht gestempelt und damit weder einer Stadt noch einem Goldschmied zuweisbar.

EIN AMULETT FÜR ALLE FÄLLE

Anonym
um 1730
Schutzamulett (Breverl) aus Pappe, Leinen, Seidenspitze, Papier, Kerzenwachs, Blumensamen
St. Gallen, Stiftsbibliothek
Inv. Nr. 1001

Das Schutzamulett, das vor Gefahren an Leib und Seele schützen sollte, war entweder in die Kleidung eingenäht oder es wurde um den Hals getragen.

Magisch-medizinische Vorstellungen spielten im 18. Jahrhundert sowohl in Klöstern als auch im Volksglauben eine Rolle. Ein Beispiel ist das sogenannte «Breverl», ein um den Hals getragenes Beutelchen mit bis zu 25 Amuletten.[29] Nach Art einer «geistigen Hausapotheke»[30] half es gegen Krankheiten, Naturereignisse, bot Schutz gegen Hexen, Dämonen und andere Gefahren an Leib und Seele. Bei Erkrankungen legte man es unter das Kopfkissen. Erste Breverl sind seit der Heiligsprechung von Franciscus Solanus (1726) und Johannes Nepomuk (1729) im Alpenraum belegt und stammen aus Kapuzinerklöstern.[31]

Der Aufbau der Breverl war immer ähnlich: ein vierfach gefalteter Zettel, beklebt mit neun Heiligenbildern (meist Kupferstichen), in der Mitte ein schwarzes Rechteck. Die rot gefärbte Aussenseite erinnerte an die blutverschmierten Pfosten der Israeliten in Ägypten und diente als Abwehrzauber. Im gefalteten Umschlag wurden dann weitere Schutzzeichen aufbewahrt.[32]

Das Breverl im Besitz der Stiftsbibliothek, 1996 angekauft, ist grösser und hat eine andere Form als üblich.[33] Wahrscheinlich wurde es nicht um den Hals getragen, sondern war in Kleidung eingenäht. Sein Täschchen besteht aus gestreiftem Leinenstoff mit Spitzensaum, der wie ein Umschlag gefaltet ist und an dem zwei Bänder befestigt sind. Darin findet sich das typische Blatt mit den Bildchen und der roten Rückseite, wobei hier nicht alle neun Kupferstiche aufgeklebt sind. Drei von ihnen zeigen Franziskanerheilige. Auf dem schwarzen Mittelfeld kleben drei kleine «Schluckbildchen», darunter zum Beispiel die Darstellung der Kreuzesnägel. Drei weitere Bildchen, die man gegen Krankheiten einnehmen sollte, liegen lose darauf. Auf einen roten Zettel ist ein Heiligenbild des Gnadenbilds gegeisselter Heiland (Wieskirche, Steingaden im Allgäu) geklebt, darauf liegen eine Abbildung des Kultbildes in Weihenbrunn und weitere Heiligenbildchen. Hinzu kommen geweihte Kräuter (Blütenreste) Wachsreste der Osterkerze, ein beidseitig bedruckter Exorzismuszettel und zwei glückselige Hauskreuze gegen Schadenszauber und die böse Pest, gegen Feuer und Sturm. Ausserdem enthielt es je einen Wettersegen, Mariensegen, Agathasegen und Benediktussegen.

Offenbar wurde das Breverl von seinem Besitzer geöffnet, womit es nach der Vorstellung der Zeit seine Wirkung verlor. Heute sind daher die einzelnen Bestandteile lose.

ULRIKE GANZ

ARTIFICIALIA – KÜNSTLICHES ZUM STAUNEN 2

In fast allen Kunst- und Wunderkammern gab es Gegenstände aus den Kategorien Naturgegenstände (Naturalia) und Kunstwerke (Artificialia). Mit Ersteren waren Naturwunder und kunstvolle Schöpfungen Gottes gemeint, denn der Begriff «Kunstwerk» wurde im 16. und 17. Jahrhundert breiter benutzt als heute und umfasste auch Naturgegenstände.[34] Artificialia bezeichneten dagegen von Menschenhand geschaffene Werke der Schatzkunst.

Besonders begehrt waren Gegenstände, bei denen naturschöne Materialien von Menschenhand zu staunenswerten Gefässen veredelt oder in Kunstwerke verwandelt wurden. Strausseneier, Kokosnüsse oder Nautilusschalen wurden mit aufwändiger Goldfassung zu Pokalen veredelt, Korallenäste wurden in Bäumchen oder Skulpturen und Elfenbein in artistische Drechselarbeiten verwandelt.[35] Naturalia wie etwa Strausseneier oder Hörner, denen man magische Heilkräfte zuschrieb, veranschaulichten durch die menschliche Bearbeitung ihre verborgenen Kräfte. Dies war teilweise schon bei mittelalterlichen Kirchenschatzobjekten wie der Greifenklaue so.[36] In der Kunst- und Wunderkammer waren die Dinge Bedeutungsträger auf verschiedenen Ebenen. Ein Straussenei gehörte gleichermassen zu den Naturalia wie zu den Exotica und verwies auf die aussereuropäische Welt. Zum Trinkpokal verarbeitet, war es ein Antidot gegen Gift und nicht zuletzt ein kostbares Repräsentationsobjekt.

Auch in der St. Galler Raritätenkammer befanden sich einige Schatzobjekte zwischen Natur und Kunst. Offensichtlich wurden der Strausseneipokal, die Schraubflasche und mindestens ein Humpen aus Elfenbein aber nicht immer in der Bibliothek aufgehoben, sondern dienten gelegentlich als Tafelzierde. Zumindest sind sie im *Inventarium dess Silbergeschmeidts* im Gewölbe und in der Tafelstube aus dem Jahr 1748 zusammen mit anderen Schatzobjekten aufgeführt. Dort erscheinen

> ein grosser Becher mit einem Vogelstraussey, auf dem Kopf das Geschir eines Strausseney und Stinzen: Ziervergoldte Stinzen, oben ein Strauss, 1 helffenbeinenen Stinzen mit Deckel von Corallen und Meerfräwlein figuriert und in der Mitte ein biblische figur wohlgearbeitet, undt mit silbervergoldt beschlagen, 1 Flaschen von vergoldtgeschraubtem Deckhel eingefasset, die Mitte von Helffenbein und türckischer Figur.

Erstaunlicherweise sind in diesem Inventar aber nicht nur Tafelgeräte verzeichnet, sondern es werden auch ein *Maréchal-Staab mit einem silbernen Knopf und 1 schwerdt mit einem silbernen Gefäss* genannt.[37]

EIN POKAL ZWISCHEN NATUR UND KUNST

In Gold und Silber gefasste Gefässe aus exotischen Naturmaterialien waren Bestandteil jeder Wunderkammer. Sie galten als Sinnbilder der Verbindung von göttlicher Schöpfung und menschlicher Kunstfertigkeit.[38] Das Naturmaterial selbst wurde dabei oft höher geschätzt als seine kostbare Fassung.[39] Besonders Strausseneier fanden grosse Bewunderung,[40] da man ihnen magisch-medizinische Kräfte zuschrieb. Der Gelehrte und Sammler Michael Bernhard Valentini (1657–1729) berichtete 1714 in seinem monumentalen Werk *Museum Museorum* zu Medizinalien aus aller Welt, dass pulverisierte Strausseneier gegen Nierenleiden und Vergiftungen helfen sollten. Zu prunkvollen Gefässen veredelt, würden *ganze Eyer zur rarität in denen Kunst- und Naturalien-Kammern auffgehoben.*[41]

Indes waren die Strausseneipokale keine Erfindung der Barockzeit. Bereits im Mittelalter dienten sie als Reliquiengefässe in Kirchenschätzen.[42] Als Sinnbilder der Auferstehung wurden sie zu Ostern in Kirchen aufgehängt[43] oder auf Altären präsentiert. Seit der Frühen Neuzeit fanden sie auch Eingang in profane Sammlungen, wo sie in Schaukredenzen zur Zierde dienten oder bei festlichen Anlässen als pompöse Gefässe eingesetzt wurden.[44]

Die vergoldete Silberfassung des Strausseneipokals in der Stiftsblibliothek St.Gallen trägt den Stempel eines anonymen Meisters I. G. Die Formensprache des Pokals verweist auf die Zeit um 1600, doch nach der Beschaumarke wurde er 1684 in Paris gefertigt. Der verzierte Rundfuss mit postamentartigem Nodus trägt einen vergoldeten Strauss mit ziseliertem Gefieder, der ein Hufeisen im Schnabel hält. Dieses Motiv, auch bei anderen Pokalen belegt, spielt auf den Glauben an, der Vogel könne Eisenstücke verschlingen, wie Ulisse Aldrovandi (1522–1605) in seiner *Ornithologiae libri X* von 1599 beschreibt.[45] Auf seinem Kopf balanciert der Strauss das Ei, das von drei vergoldeten Spangen gehalten wird. Ein blattornamentierter, bauchiger Deckel schliesst das Gefäss; seine Bekrönung ist verloren. Die Felder des Eis sind mit Reliefs versehen, die die Allegorien Justitia, Temperantia und Prudentia in ornamentaler Rahmung zeigen, ergänzt durch Tiere, Hermen und Putten.

Angesichts der fragilen Wandung eines Strausseneis musste dieser Schnitzdekor die Zeitgenossen in St.Gallen in höchstem Masse erstaunen. Er entsprach der barocken Vorliebe für das Preziöse, für technische Virtuosität und das Wunderbare. Im 18. Jahrhundert wandelte sich seine Funktion: Jetzt wurde der Pokal als repräsentativer Tafelaufsatz verwendet. Dies belegen die Silberinventare von 1748 und 1757, wo er als «1 hoches mit Straussenev» verzeichnet ist.[46]

Meister I. G. (Goldschmied) und Anonym (Bildschnitzer)
Beschaumarke: Paris 1684
Straussenei; Silber, gegossen und getrieben, teilvergoldet
St.Gallen, Stiftsbibliothek
Inv. Nr. 478

Der Strausseneipokal war Repräsentationsobjekt, Tafelaufsatz und Kunstkammerstück zugleich. Obendrein sollte er vor Vergiftung schützen, da man glaubte, der Strauss könne Eisen fressen. Deshalb hält der dargestellte Vogel Strauss ein Hufeisen im Schnabel.

TURBANSCHNECKE MIT KORALLENAST ZUM STAUNEN

Anonym
17. Jahrhundert
Turbanschnecke, geschliffen, rote Koralle; Messing
St. Gallen, Stiftsbibliothek
Inv. Nr. 1568

Staunenswerte Schatzobjekte mit Korallen gehörten in jede Wunderkammer.

Von Menschenhand veredelte, staunenswerte Kunstwerke der Natur waren in nahezu jeder europäischen Kunst- und Wunderkammer vertreten.[47] Zu den gesuchten Sammelobjekten gehörten rote Edelkorallen aus dem Mittelmeer. Zusammen mit Turbanschnecken, Nautilusschalen oder Strausseneiern wurden sie zu spektakulären Gebilden gestaltet.

Die sicherlich berühmteste Raritätensammlung befand sich auf Schloss Ambras im Tirol, wo Erzherzog Ferdinand II. (1529–1595) zwei «Korallenkabinette» in der Art dioramenartiger Schaukästen besass.[48] Die Arrangements enthielten sowohl figürlich beschnitzte Korallen wie unbearbeitete «Korallenbäume» und geschliffene Muscheln. Damit standen sie idealtypisch für die beliebte Synthese eines Wunderwerks natürlicher und menschlicher Kunstfertigkeit. Korallen und Muscheln waren zudem staunenswert, weil sie vom Meeresgrund als einer noch kaum entdeckten Weltgegend stammten.[49] Zur Faszination gehörten die verschiedenen Bedeutungen und Wirkkräfte, die man der Koralle schon seit Ovids *Metamorphosen* zuschrieb: Die aus dem Blut des Gorgonenhaupts entstandene «Pflanze» wehrte den bösen Blick ab, und zu Pulver zerstossen wurde sie als Medizin verabreicht.[50]

Auch die Turbanschnecke wurde als wundersam-fremdartige Schöpfung der Künstlerin Natur bestaunt, die über holländische und portugiesische Handelsschiffe aus dem westlichen Pazifik und indischen Ozean nach Europa gelangte. Für das Kunstkammerobjekt im Besitz der Stiftsbibliothek wurde sie perlmuttsichtig abgeschliffen und dadurch optisch noch kostbarer gemacht. Auf die Muschel ist ein roter Korallenast montiert beziehungsweise mit Bändern aus vergoldetem Silberblech fixiert. Die Öffnung der Muschel ist mit einem vergoldeten und gravierten Silberring eingefasst.

Ob das Objekt eine Funktion hatte oder einfach ein prunkvolles Schaustück darstellte, ist unklar. Tatsächlich gibt es eine Reihe sogenannter Korallenbäume in den Kunstkammern, die einfach um ihrer selbst willen bestaunt wurden. Möglicherweise handelt es sich im vorliegenden Fall auch um einen Deckel von einem Tafelaufsatz. Im Inventar des Silbergeschirrs im Gewölbe und in der Tafelstube des Klosters aus dem Jahr 1748[51] findet sich eine weitere Rarität mit Koralle, ein *helffenbeinerne[r] Stinzen mit Deckel von Corallen*. Dieser Humpen (Stinzen) fehlt heute.

PRUNKVOLLER ELFENBEINHUMPEN ALS TAFELZIERDE

Balthasar Gelb (Goldschmied), Meister G.H. (Bildschnitzer)
Beschaumarke: Augsburg 1687
Elfenbein; Silber gegossen und getrieben, vergoldet
St.Gallen, Stiftsbibliothek
Inv. Nr. 319

Der Elfenbeinpokal war ein Schatzobjekt.

Ein prunkvoller Deckelhumpen aus Elfenbein mit vergoldeter Silbermontierung ist ein Schatzobjekt, das in keiner Kunst- und Wunderkammer fehlen durfte. Die leicht konische Wandung des St.Galler Elfenbeinpokals ist im Hochrelief mit einer höfischen Szene voller exotischer Details beschnitzt, die zum wertvollen Material des Trinkgefässes und zu dessen Bestimmung für eine Kunstkammer passen. Zu sehen sind ein König in antiker Rüstung, der selbst einen exotischen Humpen hält, und eine Königin. Zwei Gestalten bringen Feldfrüchte dar, dahinter stehen Soldaten. Papageien und ein Knabe in Federschurz lassen darauf schliessen, dass wir es mit einer Darstellung des Erdteils Amerika zu tun haben.

Wann und wie der Deckelhumpen in die Kuriositätensammlung des Klosters St.Gallen gelangte, ist nicht belegt. Schaut man genauer hin, entdeckt man auf einem Postament die Initialen *G. H.* des unbekannten Bildschnitzers und eine Datierung seines Werks ins Jahr *1687*. Das Gefäss wird von einer vergoldeten Silbermontierung eingefasst. Sie besteht aus einem runden Fusswulst, in den schuppige Delfine und Putten getrieben sind, einem aufgewölbten Scharnierdeckel mit geteilter Daumenrast und einem Henkel in Gestalt eines weiblichen Hermenfigürchens, dessen Körper in ein Fruchtbüschel und einen gegenläufigen C-Schwung mit Knorpelornamentik ausläuft. Die Beschaumarke verrät, dass die Metalleinfassung in Augsburg entstand. Daneben hat der Goldschmied Balthasar Gelb seinen Stempel eingeschlagen.[52]

Im Inventar des Silbergeschirrs im Gewölbe und in der Tafelstube aus dem Jahr 1757[53] ist ein *helffenbeinerne der Teckhel und Fuoss verguldt* verzeichnet, der sich wohl auf das vorliegende Stück bezieht. In einem Protokoll des Administrationsrates von 1833[54] wird der junge Bibliotheksadjunkt und spätere Bischof Carl Johann Greith (1807–1882) dafür gerügt, dass er einen «ihm zugekommenen elfenbeinernen Becher von bedeutendem Wert bei sich aufgestellt» habe. Entsprechend lässt der Präsident des Administrationsrates Greith mitteilen, dass dieser «den Becher unverzüglich wieder an den schicklichen Ort im Münzkabinett stellen» solle.

LUXUSFLASCHE AUS ELFENBEIN

Meister *I. A. L.* (Silberschmied), Anonym (Bildschnitzer)
Beschaumarke: Köln um 1600
Elfenbein, geschnitzt; Silber getrieben, vergoldet
St. Gallen, Stiftsbibliothek
Inv. Nr. 347

Die kostbare Elfenbeinflasche wurde laut Stempel in Köln geschaffen. Der Bildschnitzer konnte jedoch nicht identifiziert werden.

Die kostbare, mit einer Bilderzählung in Flachrelief verzierte Elfenbeinflasche besitzt einen silbernen Schraubdeckel mit klappbarem Bügelhenkel und einen wulstförmigen Standring aus vergoldetem Silberblech, in den stilisierte Akanthusranken getrieben sind. Der Lippenrand ist analog gestaltet. Mit ihrer leicht konisch zulaufenden Wandung nutzt die Flasche die Form des Stosszahns geschickt.

Wenn der Betrachter diese Elfenbeinflasche in der Hand drehte, konnte er zwei Szenen aus der biblischen Josephsgeschichte erkennen (Gen. 39,7–21): In der ersten kniet das Weib des Potifar vor ihrem orientalisch gekleideten Gatten und bezichtigt Joseph eines Vergewaltigungsversuchs, indem sie ihm dessen Mantel zeigt. Darauf hebt der erzürnte Potifar drohend einen Streitkolben. In der zweiten Szene sieht man Joseph im Gefängnis. Er sitzt erhöht auf einer Bank und deutet die Träume der mit Fussketten gefesselten Mithäftlinge. Im Hintergrund der Szene erscheinen die ausgelegten Trauminhalte – der Obermundschenk, der den Becher des Pharaos füllt, und der Hofbäcker, der die Körbe auf dem Kopf trägt, aus denen die Vögel picken.

Von wem die nicht signierte, qualitätvolle Elfenbeinschnitzerei stammt, und welcher Silberschmied sie eingefasst hat, ist bisher nicht bekannt. Die beiden Marken auf dem Deckel weisen jedoch auf die Stadt Köln und auf einen Silberschmied mit dem Monogramm *I. A. L.* hin. Stilistische Gründe sprechen für eine Entstehung um 1600.[55]

Offenbar befand sich die Flasche nicht nur in der Kuriositätensammlung des Klosters, sondern sie kam zwischenzeitlich als prunkvoller Tafelaufsatz bei zeremoniellen Empfängen des Fürstabts zum Einsatz. Jedenfalls taucht sie im *Inventar des Silbergeschirrs im Gewölbe und in der Tafelstube* aus dem Jahr 1757 auf, in dem von einer *helffenbeinene[n] Flaschen dic Schrauben und Fuoss vergult* die Rede ist.[56] Spätestens 1836 muss sie sich definitiv in der Handschriftenkammer der Stiftsbibliothek befunden haben, wo Bibliothekar Franz Weidmann (1774–1843) sie als *ein[en] Pokal von Elfenbein mit erhobener Arbeit, auf dem Joseph im Kerker die Träume [deutet]*, beschrieben hat.[57]

HEILIGE MARIA MAGDALENA AUF ALABASTER

In den Kunst- und Wunderkammern gab es viele Schatzobjekte aus kostbarem Alabaster, einer kristallinen Gipssteinart, die aufgrund ihrer lichtdurchlässigen und zugleich marmorartigen Textur besonders geschätzt wurde.

Das kleine, mit Ölfarbe auf eine polierte Alabasterplatte gemalte Gemälde zeigt ein Brustbild der heiligen Maria Magdalena als Büsserin. Die ehemalige Prostituierte steht frontal zum Betrachter an einem Betpult, das vom Rahmen überschnitten ist, und verschränkt die Arme vor dem tiefen Ausschnitt ihres blauen Kleids. Sie erwidert den Blick nicht, sondern wendet den Kopf mit den blonden Locken vom offenen Gebetbuch ab. Die linke Hand ruht auf einem Totenschädel. Geschickt nutzt der unbekannte Maler die Farbe und Lichtdurchlässigkeit des Alabasters, um die Haut und das schimmernde Haar der Büsserin hell und sinnlich aufleuchten zu lassen. Ikonografisch folgt das Gemälde einem oberitalienischen Typus, wie er schon von Tizian (um 1489–1576) und später besonders von Guido Reni (1575–1642) verwendet wurde. Sehr wahrscheinlich hat der unbekannte – italienische – Maler die Gemälde Renis gekannt.

Das kostbare Steinbild befand sich früher in einem schwarz ebonisierten Holzrahmen, der aufwändig mit Silberornamenten beschlagen ist und am unteren Rand auf einer silbernen Kartusche das Wappen der Familie von Thurn zeigt: einen horizontal geteilten Schild mit einem dreistöckigen Zinnenturm (unten) und einem Adler (oben). Besonders interessant ist ein Schenkungsvermerk auf der Rückseite des Rahmens, demzufolge das Alabasterbild im Jahr 1686 vom einflussreichen sankt-gallischen Landshofmeister Baron Fidel von Thurn an den Fürstabt übergeben wurde. In eben diesem Jahr hatte von Thurn als Verhandlungsführer ein Schutzbündnis zwischen der Fürstabtei und Savoyen ausgehandelt.[58] Es ist deshalb möglich, dass das vorliegende, kostbare Geschenk anlässlich des neuen Vertrags gemacht wurde – möglicherweise vom Herzog von Savoyen selbst, der den Fürstäbten im gleichen Jahr auch den Annunziatenorden verlieh, den von nun an alle St. Galler Fürstäbte tragen durften. Es war einmal mehr Fidel von Thurn, der die Kette mit dem Orden am 29. Dezember 1686 nach St. Gallen brachte. Vielleicht zusammen mit dem Bildnis der Maria Magdalena?[59]

Anonym
um 1680
Öl/Alabaster
St. Gallen, Stiftsbibliothek
Inv. Nr. 696

Das Gemälde der Maria Magdalena stammt aus Italien und orientiert sich an Vorbildern von Guido Reni. Der Landeshofmeister Fidel von Thun übergab es als diplomatisches Geschenk – wohl anlässlich des Bündnisvertrags mit Savoyen.

ULRIKE GANZ

EXOTICA – AUS FERNEN LÄNDERN

3

Zu den klassischen Objekten einer Wunderkammer gehörten staunenerregende Dinge aus der weiten Welt, die auf Handelswegen nach Europa gelangten. Solche Exotica sprengten die vertrauten Ordnungen des Wissens. Auch in St. Gallen fanden sich Objekte aus fernen Ländern, die als greifbare Belege das Bücherwissen ergänzten oder widerlegten.

Doch auch das Fremde wurde in vertraute Denkmuster eingeordnet. Exotische Stücke dienten nicht selten dazu, wundersame Erzählungen antiker Autoren zu bestätigen.[60] Ihrer ursprünglichen Funktion beraubt, erhielten sie im Kunstkammerkontext neue Bedeutung. Sie waren weniger Informationsquellen über ferne Kulturen als vielmehr Projektionsflächen: Spiegelbilder europäischer Vorstellungen von der fremden, nicht-christlichen Welt.[61] Auffällig ist, dass Sammler Objekte schätzten, die zugleich fremd und vertraut wirkten. So wurde das Fremde letztlich zum Spiegel des Europäischen.

Ein eindrückliches Beispiel ist die Sammlung von Alltagsgegenständen aus Indonesien, die der Söldner Georg Franz Müller nach seinem Tod 1723 dem Kloster St. Gallen vermachte. Müller stand im Dienst der Niederländischen Ostindien-Kompanie. Er brachte rund dreissig Objekte von seinen Reisen nach Indonesien zurück, darunter Kleidung aus Baumrinde.[62]

Für seine Schenkung liess sich Müller vom Kloster eine Anstellung als Leibdiener Kolumbans von Andlau (1627–1707) und lebenslanges Wohn- und Unterhaltsrecht zusichern. Seine Biografie ist idealtypisch: Viele Söldner oder Reisende stifteten ihre Exotica an Fürstenhöfe und erhielten im Gegenzug eine Altersversorgung.[63]

Schon im 17. Jahrhundert befanden sich exotische Objekte türkischer Provenienz in der Sammlung des Klosters. Nach den Türkenkriegen (1683–1686) kamen weitere Dinge dazu.[64]

Das Verzeichnis *Monumentum Gratitudinis*[65] von 1687 erwähnt zum Beispiel Schenkungen von Waffen.[66]

Zum Bild des Fremden gehörten auch menschliche Überreste. In Zürich etwa wurde in der Wasserkirche eine abgezogene Frauenhaut gezeigt,[67] und das Pulver *Mumia,* aus zermahlenen ägyptischen Mumien, diente noch im 18. Jahrhundert als Malfarbe und Heilmittel.[68] Die Mumie Schepenese in der St. Galler Stiftsbibliothek war nicht Teil der klösterlichen Wunderkammer, denn sie kam erst nach der Klosteraufhebung und unter anderen Vorzeichen hierher (vgl. Teil 1, S. 54–65).

MINIATURSCHUHE AUS SEIDE

Anonym
vor 1681
Seide, Draht
St. Gallen, Stiftsbibliothek
Inv. Nr. 476

Die Funktion der kleinen Schuhe ist unklar, sie wurden nicht getragen. Sie stammen aus Indonesien oder China.

Zur Sammlung exotischer Gegenstände des St. Galler Raritätenkabinetts gehört ein Paar kostbar gearbeiteter «chinesischer» Miniaturschuhe aus Seide. Auf einem relativ hohen, säulenartigen Absatz, mit roter Seide überzogen, sitzt ein schmaler, schnabelförmiger Schuh aus grünlicher Seide. An der Spitze endet er in einem kleinen Hahnenkopf, während der Rücken mit einem Schild samt aufgestickter Figur verziert ist.

Die Schuhe wirken wie Puppenschuhe: Gerade einmal sieben Zentimeter lang, und ohne Gebrauchsspuren, waren sie nicht einmal für die Füsse eines Kleinkinds geeignet. Es handelt sich wohl auch nicht um die berüchtigten chinesischen Lotusschuhe für gebundene Mädchenfüsse. Ihre ursprüngliche Funktion bleibt unklar – bestaunt wurden sie in der St. Galler Raritätenkammer zweifellos wegen ihrer Winzigkeit, kunstvollen Ausführung und ihres exotischen Erscheinungsbilds.
Die Miniaturschuhe stammen aus der sogenannten *Ostindischen Sammlung* von Georg Franz Müller (1646–1723). Dieser hatte in der Niederländischen Ostindien-Kompanie als Söldner gedient und war in Indonesien stationiert gewesen. Neben ethnologischen Objekten sammelte er auch Kleidungsstücke und Schuhe, die er in einem Inventar verzeichnete[69]. Darunter finden sich auch die *chinesischen Schüelein.* Vermutlich erwarb Müller sie in Indonesien, bezeichnete sie aber – wie vieles Fremde oder Manierierte – als «chinesisch». Begriffe wie «chinesisch» oder «indianisch» waren im 18. Jahrhundert eher Synonyme für das Exotische als geografische Angaben.[70] Da die Handelsbeziehungen weitgespannt waren, kann es sich aber gleichwohl tatsächlich um chinesische Schuhe handeln. Müller hinterliess ein reich illustriertes und kulturhistorisch hochinteressantes *Reissbuech,* in dem er seine Eindrücke festhielt.[71] Dort wird ein «Einheimischer batavischer Bürger mit seiner Frau» abgebildet: Er in europäischem Gehrock, der den kolonialen Einfluss veranschaulicht. Seine Frau in einheimischen Kleidern trägt kleine, rote Schuhe, die jedoch nicht an die *Schüelein* Müllers erinnern.[72]

Seine letzten Lebensjahre verbrachte Müller als Leibdiener des Mönchs Kolumban von Andlau. 1723 vermachte er seine Sammlung der Klosterbibliothek. Zuvor hatte er sie in Rorschach Besuchern gezeigt. Der berühmte französische Bibelphilologe und Historiker Augustin Calmet (1672–1757) begeisterte sich in seinem *Diarium helveticum* für ein «indianisches Gewand» und ein Kleid aus Korkrinde aus der Sammlung Müllers, die ihm 1748 im St. Galler Raritätenkabinett gezeigt worden waren.

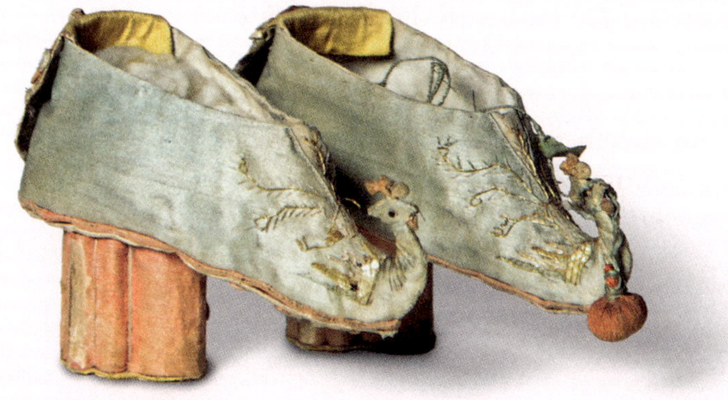

ZWEI BÄUMCHEN AUS FEDERN

Anonym
vor 1682
Federn, Draht
St. Gallen, Stiftsbibliothek
Inv. Nr. 479

Wahrscheinlich wurden die Federbäumchen als passend für eine Wunderkammer angesehen, weil sie an andere Kuriositäten wie die Korallenbäumchen erinnerten.

Zu den staunenswerten Exotica in der Sammlung des Klosters St. Gallen gehörten auch diese beiden bäumchenartigen, mit grünroten Federn geschmückten Gestecke aus Draht. Sie stehen in grün gefassten, konisch zulaufenden Gefässen, die mit Lederbändern umwickelt an Blumentöpfe erinnern. Vermutlich galten sie als Wunder der Natur und Kunst, da in Mitteleuropa weder solch farbenprächtige Vögel noch vergleichbare Objekte existierten. Allerdings wurden in der Barockzeit bereits Papageien und Kakadus in einzelne Menagerien Europas gebracht und als zoologische Kuriositäten «gesammelt».

Die Objekte gehörten ebenfalls zu den rund dreissig exotischen Gegenständen, die Georg Franz Müller dem Kloster St. Gallen vermachte. Heute sind noch etwa ein Dutzend davon erhalten; sie wurden in die Kunstkammer integriert und als Exotica bewundert.[73]

Müller dokumentierte seine Mitbringsel gewissenhaft mit Provenienzangaben in einer Liste, die später in die Handschrift Cod. Sang. 1278 eingebunden wurde. Unerklärlicherweise fehlen die Federbäumchen in diesem Inventar; lediglich «Papageienfedern» werden genannt, die sich auf die Bäumchen beziehen könnten. Weder ihr Erwerbsort noch ihre ursprüngliche Funktion sind bekannt. Handelte es sich um rituelle Objekte oder um Dekor?

Dass Müller keine Angaben zum Gebrauch machte, entspricht dem allgemeinen Umgang mit Exotica in Kunstkammern: Ihrem ursprünglichen Kontext entzogen, verloren sie ihre Funktion als Informationsträger. In den Sammlungen erhielten sie neue Bedeutungen und wurden zur Projektionsfläche europäischer Vorstellungen von der fernen Welt. Besonders geschätzt waren Objekte, die «fremdvertraut»[74] erschienen.[75] Die Federbäumchen entsprachen diesem Muster: Sie erinnerten an die beliebten Korallenbäumchen in den Wunderkammern.

Einen möglichen Hinweis auf die Herkunft der Federbäumchen bietet das reich illustrierte *Reissbuech*, in dem Müller seine Reiseerfahrungen festhielt. Dort berichtet er, auf der Insel Seram Papageien und Kakadus gesehen zu haben. Bemerkenswerterweise lässt er die Vögel selbst sprechen und legt ihnen die Worte in den Schnabel: *Wir klagen franciscus miller an, will von uns zue hat toth geschlagen.*[76]

ZWEI OPIUMPFEIFEN

Anonym
um 1680
Bambus, lackiert; Metall
St.Gallen, Stiftsbibliothek
Inv. Nr. 477

Mit den langen Pfeifen wurde eine Mischung aus Baumharz, Tabak und Opiaten geraucht.

Unter den exotischen Gegenständen in der Sammlung des Klosters befanden sich auch zwei lange Pfeifen. Sie bestehen aus schwarz lackiertem Schilfrohr mit metallenen Köpfen und Mundstücken. Auf der längeren haben sich Reste eines roten Ornaments erhalten, während die kürzere mit einer Kette geschmückt ist. Beide Objekte gehören ebenfalls zur sogenannten *Ostindischen Sammlung* des Elsässers Georg Franz Müller (1646–1723). Die Pfeifen erscheinen ebenfalls in der bereits erwähnten, heute noch erhaltenen Liste in Cod. Sang. 1278.[77]

Über den Gebrauch der beiden Stücke gibt Müller selbst wie folgt Auskunft:

> Dies ist ein chinesische Tabacc-Pfeiffen, allein unter dem Tabacc gebrauchen sie eine Baum Gummi, Affion genannt, welches die männliche Natur stärckhet, von wegen viellen Weiberen halben, die sie insgeheim haben.[78]

Die Beschreibung verweist auf den Konsum von Tabak in Kombination mit Harzen und Opiaten (*Affion*, Opium), die im südostasiatischen Raum verbreitet waren.

Das Wort leitet sich vom arabischen *afyun*, أفيون, ab, das auf das griechische Wort für Mohnsaft, *opion*, ὄπιον, zurückgeht.[79] In den Reiseberichten und naturkundlichen Schriften des 16.–18. Jahrhunderts taucht der Begriff in unterschiedlichen Schreibvarianten auf: *Affion, Afion, Aphiun* usw. Gemeint war stets der eingetrocknete Milchsaft des Schlafmohns *(Papaver somniferum)*, der im süd- und ostasiatischen Raum als Schmerz-, Rausch- und Genussmittel verbreitet war.[80] In Müllers Beschreibung heisst es, das «Baumgummi, Affion genannt» werde dem Tabak beigemischt.[81] Dabei handelt es sich um eine für Europa ungewöhnliche Konsumform, die aber im südostasiatischen Raum durchaus üblich war: Opium wurde in Pfeifen zusammen mit Tabak oder Harzen geraucht.[82]

Dass Müller die Pfeifen als «chinesisch» bezeichnet, ist nicht eindeutig als geografische Angabe zu verstehen. Vielmehr wurde das Adjektiv als Synonym für «exotisch» oder «kurios» verwendet. So nennt Müller auch Objekte «chinesisch», die eindeutig aus Indonesien stammen.

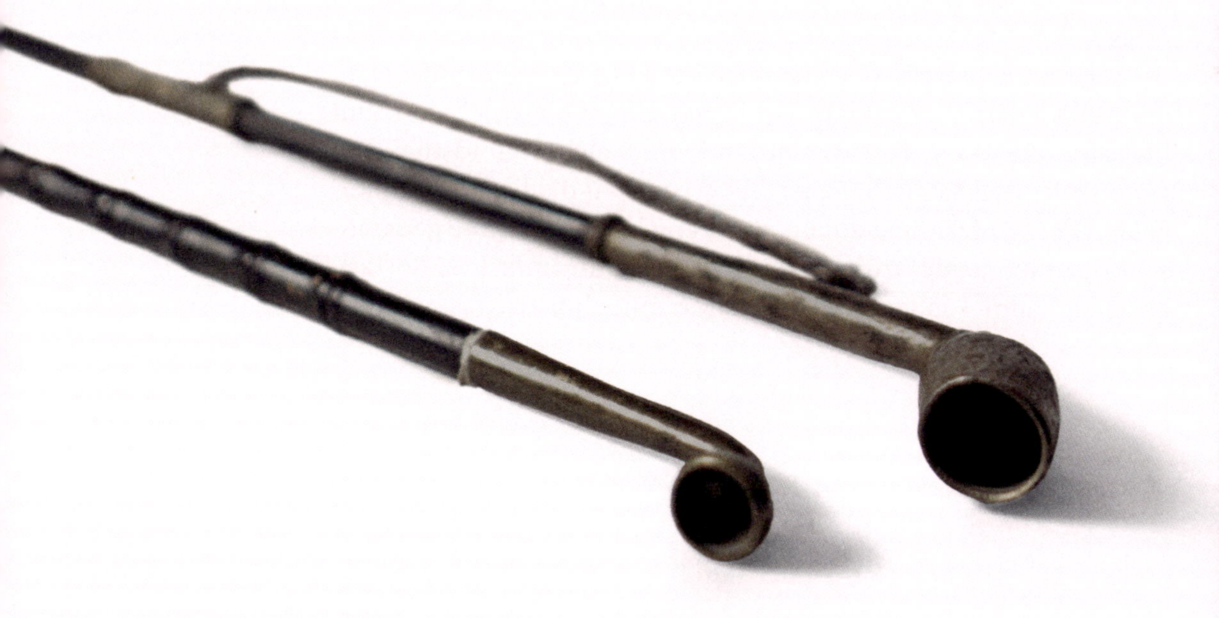

GELDBEUTEL MIT MÜNZEN AUS VERSCHIEDENEN LÄNDERN

Anonym
Um 1680
Seide, bestickt
St. Gallen, Stiftsbibliothek
Inv. Nr. 475

Der Sammler Georg Franz Müller kaufte den Geldbeutel nach eigener Aussage nicht nur für seine Münzen, sondern auch, um ihn zu Hause vorzuführen.

> Dieses ist ein chinesischer Geldbeutel, den sie ohne Unterlass an dem Gürtel hangen tragen, in welchem ich ein japanisches Goldstuckh von 5 Dukaten schwär und ein Mongolisches 2 Dukaten mit einem Celebischen 1,5 Reichsthalergold, und Silber under einander geschmolzen, auch etwas indianisches Kupfergeld mit herausgebracht und verwahret habe, denen Liebhaberen zu zeigen.

So beschreibt Georg Franz Müller (1646–1723) den vasenförmigen, flachen Beutel aus leinenartigem Stoff mit Kordelzug und langen, lindgrünen Troddeln. Die Seiten sind aufwendig bestickt: Blütenzweige vor rostrotem Grund, eingefasst von einer hell unterlegten Zackenborte. Müller zufolge trugen Männer in Indonesien solche Portemonnaies am Gürtel.[83]

Augenscheinlich hatte Müller den Geldbeutel schon beim Kauf mit dem Ziel erworben, ihn in der Heimat *Liebhaberen zu zeigen.*[84] Er war somit kein reines Alltagsobjekt, sondern bewusst als Sammlerstück gedacht. Seine Bezeichnung als «chinesischer» Geldbeutel verweist wahrscheinlich nicht auf den Herkunftsort. Das Adjektiv wurde im 17. und 18. Jahrhundert oft als Synonym für «exotisch» verwendet. Müllers eigener Hinweis, dass indonesische Männer solche Beutel trügen, verdeutlicht, dass es sich um eine stilistische Zuschreibung handelt und nicht um eine geografische Angabe.

Bemerkenswert ist schliesslich der Hinweis auf die Münzen, die Müller darin verwahrte: ein japanisches Goldstück von fünf Dukaten, ein mongolisches von zwei, ein Celebes-Goldstück von anderthalb Reichstalern, dazu Silber und «indianisches Kupfergeld». Diese Aufzählung dokumentiert nicht nur die weite geografische Spannbreite des frühneuzeitlichen Geldumlaufs im südostasiatischen Raum, sondern auch Müllers Sammelpraxis.

MESSER MIT SCHEIDE

Türkei?
Ca. 1680–1780
St.Gallen, Stiftsbibliothek
Inv. Nr. 678

Zu den Exotica der europäischen Wunderkammern gehörten auch Waffen aus fernen Ländern. Besonders geschätzt waren türkische Dolche, Säbel und Messer, die nicht nur als Kriegstrophäen gesammelt wurden, sondern vor allem wegen ihrer meisterhaften Handwerkskunst und prachtvollen Gestaltung. Trotz der jahrhundertelangen Auseinandersetzungen zwischen dem Abendland und dem Osmanischen Reich fanden solche Objekte ihren Weg in europäische Sammlungen – oftmals im Zuge militärischer Konflikte wie den Belagerungen von Wien (1683) und Buda (1684–1686). Auch in der St.Galler Sammlung lassen sich derartige «Turcica» nachweisen: ein türkischer Bogen, ein Schild aus Fischknochen, arabische Handschriften, Trinkgeschirr und dergleichen mehr.

Das vorliegende Messer ist aufgrund seiner charakteristischen Form eindeutig als türkisch zu identifizieren. Es besitzt eine leicht gebogene Eisenklinge sowie ein schlichtes Heft aus Horn, dessen gebogene Ausladung dem Griff eine haptische Qualität verleiht. Die dazugehörige Scheide besteht aus kräftigem, geprägtem Leder in Schwarzbraun. Besondere Aufmerksamkeit verdienen die feuervergoldeten und ziselierten Messingappliken mit orientalischem Dekor, die in einem kugelförmigen Abschluss enden. Gerade diese reiche Verzierung hebt das Messer über einen blossen Gebrauchsgegenstand hinaus und macht es zu einem repräsentativen Stück osmanischer Waffenkunst.

Die genaue Herkunft des Messers ist nicht dokumentiert. In der Sammlung des Klosters nachweisbar ist es erst ab dem Jahr 1836. In einem Verzeichnis aus jenem Jahr finden sich zwei Dolche vermerkt[85] – wobei es sich im vorliegenden Fall streng genommen nicht um einen Dolch, sondern um ein Messer handelt, da die Klinge nur einseitig geschliffen ist. Das Stück reiht sich ein in eine grössere Gruppe von Waffen, die im St.Galler Raritätenkabinett aufbewahrt wurden.

Ein Inventar erwähnt etwa ein Schlachtschwert, mit dem der Goldacher Ammann Wilhelm Brager einem Priester den Schädel einschlug, weil dieser sich der Reformation zugewandt hatte.[86] Diese Waffe gelangte später in das Tafelzimmer des Fürstabts.[87] Ein weiteres Schwert, in dessen Klinge die Namen sämtlicher bayerischer Herzöge graviert waren, sei in der Schlacht von Höchstädt 1704 eingesetzt worden.[88] Diese Beispiele verdeutlichen, dass Waffen in der Sammlung nicht nur als Kuriosa dienten, sondern auch historische Ereignisse und kulturelle Kontakte widerspiegelten. Das türkische Messer steht somit zugleich für die Faszination des Fremden und für die Verflechtung europäischer und osmanischer Geschichte.

ULRIKE GANZ

ANTIQUITATES – LIEBE ZUR ANTIKE

4

In den Wunderkammern galten antike Objekte als sichtbare Zeugnisse gelehrter Weltaneignung. Wer Münzen, Medaillen oder andere antike Artefakte besass, stellte seine Nähe zu humanistischen Bildungsidealen unter Beweis und legitimierte Wissen.

Auch klösterliche Sammlungen folgten diesem Trend. Im Kloster St. Gallen baute Fürstabt Joseph von Rudolphi (1717–1740) unter grossem finanziellem Aufwand ein numismatisches Kabinett mit vielen antiken Münzen und Medaillen auf.[89] Es wird in praktisch allen Berichten von Besuchern der Klosterbibliothek lobend hervorgehoben. Für die Sammlung wurde ein elaborierter Münzschrank mit vielen Schubladen gebaut und numismatische Fachliteratur zum Studium der Sammlerstücke angeschafft (vgl. Teil 1, S. 66–77).

Im Kloster bezeugten die Münzen Kontinuität zur humanistischen Gelehrsamkeit und machten die Bibliothek zu einem Ort, an dem Bücher und Dinge gleichermassen als Träger von Wissen fungierten.

Unter den wenigen plastischen Objekten, die sich aus der klösterlichen Antikensammlung erhalten haben, sticht der kleine Marmorkopf eines bärtigen Mannes aus dem 2. Jahrhundert nach Christus hervor.[90] Die feine Bearbeitung von Haar und Bart, Bohrspuren am Hals und die flach gearbeitete Rückseite deuten darauf hin, dass er aus einem Dekorationszusammenhang stammt und vielleicht an einem Sarkophag angebracht war.

Im 18. Jahrhundert beschriftete eine unbekannte Hand die Rückseite mit dem Namen *Homer*, offenbar im Glauben, es handle sich um das Bildnis des Dichters. Obgleich stilistisch nur entfernt an bekannte Homerbüsten erinnernd,[91] war die Kleinskulptur im Kontext der Klosterbibliothek zweifellos ein prestigeträchtiges Sammlungsobjekt, das antike Autorität und humanistische Tradition symbolisch vereinte.

Weniger bedeutsam sind die provinzialrömischen Öllämpchen aus dem 2. Jahrhundert nach Christus.[92] Solche Alltagsgegenstände wurden in der römischen Welt massenhaft produziert und verbreitet. Viele fürstliche Kunstkammern hätten ihnen wohl kaum einen Platz eingeräumt; im Kloster St. Gallen dokumentierten sie jedoch auf anschauliche Weise das Alltagsleben der Antike. Lämpchen aus Terra Sigillata oder einfacher Keramik schufen so eine materielle Verbindung zur Welt der antiken Texte.

KOPF EINES BÄRTIGEN MANNES

Anonym
100–200 n. Chr.
Weisser Marmor, behauen und beschnitzt
St.Gallen, Stiftsbibliothek
Inv. Nr. 682

Im 18. Jahrhundert hielt man die römische, nach einem griechischen Original geschaffene Büste für ein Bildnis des blinden Dichters Homer.

Neben Münzen und Medaillen befanden sich weitere Objekte aus der Römerzeit in der Raritätenkammer der Fürstabtei. Darunter war wohl auch der kleine, qualitätvolle Marmorkopf eines bärtigen Mannes mit langem Haar. Die Rückseite der Büste ist flach abgeschrägt, Haare, Bart und Mund sind gebohrt und an der Unterseite des Halses befindet sich ein Bohrloch von einer früheren Anbringung. Diese Bearbeitungspuren deuten darauf hin, dass der nicht vollplastische Kopf mit der abgeschlagenen Nase ehedem Teil eines grösseren Dekorationszusammenhangs war. Möglicherweise stammt er von einem Sarkophag. Stilistische Überlegungen sprechen für eine römische Kopie nach einem griechischen Original.[93]

Es existieren keine Quellen zur Provenienz dieses Objekts, doch ist es wahrscheinlich, dass sich das Stück schon im 18. Jahrhundert in der Kuriositätensammlung des Klosters St.Gallen befand – jedenfalls ist der Kopf auf der Rückseite von einer unbekannten Hand des 18. Jahrhunderts als *Homer* beschriftet worden. Augenscheinlich hielt man die Skulptur zu dieser Zeit für ein Bildnis des blinden griechischen Dichters – möglicherweise, weil die Augen keine Pupillenbohrung aufweisen.[94] Tatsächlich gibt es zahlreiche erhaltene römische Kopien nach einer berühmten hellenistischen Bildnisbüste Homers,[95] an die das vorliegende Köpfchen aber eher entfernt erinnert.

PROVINZIALRÖMISCHE ÖLLÄMPCHEN

Anonym
100–200 n. Chr.
Roter Ton bzw. Terra Sigillata
St. Gallen, Stiftsbibliothek
Inv. Nr. 683

Öllämpchen wurden in der Antike massenweise hergestellt. Teilweise tragen sie Stempel auf dem Boden, die eine genaue Zuweisung ermöglichen.

Neben Münzen und Medaillen befanden sich auch weitere Zeugnisse aus der römischen Antike in der St. Galler Handschriftenkammer wie zum Beispiel provinzialrömische Öllämpchen. Wann sie in die Sammlung kamen, ist zwar nicht belegt, sie sind aber in einer *Liste der Dinge von Wert* erwähnt, die Stiftsbibliothekar Franz Weidmann (1774–1843) um 1836 anlegte respektive erscheinen hier als *fünf alte Lämpchen von gebrannter Erde.*[96]

Wertobjekte waren Öllämpchen indes nie, sondern sie wurden in der Römerzeit massenhaft hergestellt und verbreitet. Noch heute gibt es unzählige von ihnen. Obwohl sich ihre Form im Lauf der Jahrhunderte nur wenig änderte, lassen sich Öllämpchen gut datieren: Eines der beiden ausgestellten Öllämpchen besteht aus Terra Sigillata, einer feingeschlemmten Keramik mit glänzend roter, oftmals mit gestempelten Mustern verzierter Oberfläche, die seit dem ersten Jahrhundert nach Christus im gesamten Römischen Reich verbreitet war. Es besitzt einen runden Körper mit langer Schnauze und konnte mit zwei Dochten gleichzeitig bestückt werden. Das Öl wurde über das zentrale Loch im Deckelspiegel eingefüllt. Das andere Lämpchen ist einflammig. Im Gegensatz zu vielen Exemplaren tragen die beiden St. Galler Öllämpchen auf der Unterseite keinen Herstellerstempel.

Wie und wann sie in das Kloster St. Gallen gelangten, ist nicht mehr belegbar.

5

ULRIKE GANZ

MIRABILIA – WUNDERBARES

Im Unterschied zu mittelalterlichen Schatzkammern, die mit Heiligenreliquien und Preziosen Macht demonstrierten, waren die Kunst- und Wunderkammern der Barockzeit enzyklopädisch ausgerichtete Studienorte. Sie wollten das durch die Erkundungsfahrten uferlos gewordene Wissen über den Makrokosmos zugänglich machen und im Raum der Sammlung zu einem Mikrokosmos verdichten. De facto interessierte man sich aber nicht für Gewöhnliches, sondern für das Einzigartige, Preziöse, Manierierte und Winzige.[97]

Miniaturhafte Objekte weckten Neugier und Staunen über die Kunstfertigkeit bei ihrer Herstellung. Inbegriff dieser Ästhetik war der Kabinettschrank, der mit seinen vielen Schubladen eine Kunstkammer in der Kunstkammer darstellte.[98] Darin lagen kleine Dinge verborgen, die hervorgeholt und bestaunt werden konnten. Besonders beliebt waren Miniaturschnitzereien wie die Elfenbein-Grablegung Christi in St. Gallen. Fast zwingend gehörte auch ein beschnitzter Obstkern dazu. Ebenfalls geschätzt waren «Gebetsnüsse» aus Buchsbaum, meist flämischer Herkunft, die beim Aufklappen Szenen wie Kreuzigung oder Kreuztragung zeigen.[99] Eine weitere Gattung stellten Mikroschriftbilder dar, wie sie auch die St. Galler Bibliothek besass.

Neben den winzigen Objekten riefen kunstvolle Drechselarbeiten aus Elfenbein Staunen hervor, etwa das ausgestellte Contrefait: Eine Hohlkugel mit zwei Sichtlöchern enthält eine weitere, die man sieht, wenn man durch die Gucklöcher schaut. Der Reiz des raffinierten Spielzeugs lag im Entdecken des Verborgenen. Verglichen mit anderen Stücken ist das St. Galler Beispiel jedoch schlicht.

Im späten 18. Jahrhundert verlor die Vorliebe für Winzigkeiten an Reiz. Der Schweizreisende Johann Rudolf Maurer (1752–1805) äusserte sich 1794 kritisch zu Johann Michael Püchlers († 1709) Mikroschriftbild:

> Seltenheiten der Kunst, die sich hier befinden, sind meistens im Geschmak derer, welche man ohne Reue aus der Bibliothek zu Zürich entfernt hat: Kleine Scripturen, die das Haupt (Christi) nachahmen und nur Zeichnung scheinen.[100]

DRECHSELARBEIT WUNDERKUGEL

Wunderkugeln, auch «Contrefaits» genannt, sind handwerkliche Bravourstücke aus gedrechseltem Elfenbein, die zum festen Inventar vieler Kunst- und Wunderkammern gehörten.[101] Das Exemplar der Stiftsbibliothek besteht aus einer Hohlkugel, die auf einer balusterartigen Säule aus Elfenbein ruht und von einer mehrfach gewundenen Spitze bekrönt wird. Vier Schauöffnungen in der Kugelwand ermöglichen einen Blick ins Innere. Darin hängen zwei Elfenbeinplaketten, von denen eine mit einer geschnitzten Rosette verziert ist. Früher lagen sie übereinander und konnten wie eine Blüte mit einer Schnur geöffnet werden.

Praktischen Nutzen hatte die Kugel nicht. Sie diente einzig der Neugier und dem Staunen. Das glatte, schimmernde Material lädt zum Berühren ein, die Gucklöcher wecken Neugier, der Klappmechanismus Verblüffung.

Aussen zeigt die Kugel deutliche Bearbeitungsspuren und Klebereste, was auf eine Altrestaurierung oder ursprüngliche Fertigung aus zwei Hälften hindeuten könnte. Letzteres wäre ungewöhnlich, denn Wunderkugeln bezogen ihren Reiz ganz wesentlich daraus, dass sie aus einem einzigen Stück gedrechselt waren und der Betrachter sich fragen musste, wie die kleine Kugel in die grosse hineingekommen war. Manche enthielten auch Bildnisminiaturen.[102] Besonders kunstvolle Wunderkugeln wurden in Dresden und Nürnberg hergestellt, darunter der berühmte achtfach verschachtelte Polyeder aus Schloss Ambras im Tirol.[103]

Wahrscheinlich waren die Wunderkugeln mehr als technische Spielereien. Im Kontext der Wunderkammern galten sie als Symbol des Mikrokosmos im Makrokosmos. Es ist bekannt, dass sich einige Fürsten auch selbst als Drechsler von Wunderkugeln betätigt haben, was die Bedeutung des Handwerks im höfischen Kontext verdeutlicht.[104]

Wer das Stück herstellte und wann es in die Sammlung des Klosters gelangte, ist nicht belegt.

Anonym
17. Jahrhundert
Elfenbein, gedrechselt
St. Gallen, Stiftsbibliothek
Inv. Nr. 405

Verglichen mit Drechselarbeiten in anderen Wunderkammern wie etwa im Schloss Ambras ist die St. Galler Wunderkugel sehr einfach gestaltet.

BECHER AUS STEINBOCKSHORN

Anonym
Um 1730
Steinbockshorn, beschnitzt
St. Gallen, Stiftsbibliothek
Inv. Nr. 338

Ein Schluck aus dem Steinbockshornbecher sollte vor Giftanschlägen schützen. Fürstabt Joseph von Rudolphi erwarb ihn mit erhaltenem Zertifikat bei einem Mann aus Tirol. Der Fürstabt hatte den Steinbock auch im Familienwappen.

Objekte, denen eine magische Wirkung zugeschrieben wurde, gehörten zum Standardrepertoire von Kunst- und Wunderkammern und galten als besonders staunenswert. Trotz oder vielleicht gerade wegen des damit verbundenen Aberglaubens kauften auch die St. Galler Fürstäbte solche Stücke an. So befanden sich in der fürstäbtlichen Sammlung gleich zwei kostbare Gefässe, die für ihre geheimen Kräfte bewundert und Gästen gezeigt wurden: Der vorliegende Salzburger Becher aus Steinbockhorn und der St. Galler Strausseneipokal standen beide im Ruf, Gift neutralisieren zu können.[105] In Zedlers Universallexikon aus dem Jahr 1744 liest man entsprechend unter «Steinbockshorn»: *hat ein Mensch Gift genommen, so wird es durch das Horn [...] curieret.* Ausserdem schütze es vor *Hexereyen.*[106]

Wegen dieser Wunderkraft erzielten Steinbockshörner horrende Preise und die Schnitzerei wurde in Salzburg zum florierenden Gewerbe.[107] Entsprechend wurden die Tiere schonungslos gejagt, weshalb die Fürstbischöfe von Salzburg, selbst Besitzer einer Steinbockherde, Wilderei scharf sanktionierten.[108] Hörner erlegter oder verendeter Tiere mussten seit Mitte des 17. Jahrhunderts in der fürsterzbischöflichen Hofapotheke Salzburg abgegeben werden.[109]

Der zylindrische Becher aus Steinbockshorn gehörte Fürstabt Joseph von Rudolphi (1717–1740) persönlich.[110] Er hatte ihn bei einem Wildschützen aus Tirol[111] namens Wolfgang Mamolt für zwei Dublonen gekauft und erhielt dazu eine schriftliche Wirksamkeitsgarantie, die noch heute im Becher liegt:

> Dieser Becher von Steinbockshorn gemacht, so sehr köstlich und rar seynd und an kaiserlichen und königlichen Höfen sehr hoch aestimiert und erkauft worden. [...] Es ist sehr gesund, daraus zu trinckhen, und man leidet gar nichts Schädliches oder Giftiges.

Auf der Becherwandung sind in hoher Reliefschnitzerei ein Rudel Steinböcke in felsiger Landschaft, ein Jäger auf der Pirsch, einige Laubbäume und Sakralarchitektur zu sehen. Dabei nutzt der unbekannte Künstler die natürliche Oberflächenstruktur des Horns für die Darstellung der Felsen, während der Himmel am oberen Teil der Becherwandung glattpoliert ist. Dort prangt ein grosses Wappen mit horizontal geteiltem Schild, auf dessen Leiste ein Reichsapfel mit Lothringerkreuz steht.

Beim Ankauf mag auch eine Rolle gespielt haben, dass der Steinbock das Wappentier des Fürstabts war. Becher aus Steinbockshorn befinden sich heute beispielsweise noch im Bayerischen Nationalmuseum München[112] und in der ehemaligen Wunderkammer von Schloss Ambras.[113]

GREIFENKLAUE

Rinderhorn; Ständer und Applikationen Kupfer vergoldet; Silber; Glassfluss, Halbkorallenperle
St. Gallen, Stiftsbibliothek
Inv. Nr. 368

Prunkvoll gefasste Hörner, reich verziert mit Silber und Gold, gehören zu den kostbarsten und zugleich staunen erregendsten Objekten barocker Wunderkammern.[114] Ihre Faszination gründete darin, dass das von Natur aus eindrucksvolle Material – das Horn – durch eine aufwändige Fassung in edlen Metallen zu höchster künstlerischer Vollendung erhoben wurde. In dieser Verbindung von Natur und Kunst verkörperten die prachtvollen Hörner ein zentrales ästhetisches Ideal der Zeit: das Staunen über das Wunderbare, das zugleich als Beweis menschlicher Kunstfertigkeit inszeniert wurde.

Doch reicht die Tradition solcher Objekte weiter zurück. Bereits im 14. und 15. Jahrhundert erfreuten sich derartig gefasste Hörner grosser Beliebtheit. Sie fanden nicht nur Eingang in fürstliche Kunst- und Wunderkammern, sondern wurden auch in Kirchenschätzen verwahrt.[115] Das hier vorgestellte Stück entstand um 1500 und gehört somit zu jenen frühen, vorbarocken Beispielen. In Anspielung auf die Klauen des mythischen Greifen wurden derartige Gefässe häufig als «Greifenklauen» bezeichnet.[116] Manche Ausführungen ruhen auf zwei plastisch ausgeformten Vogelkrallen, während das vorliegende Exemplar auf einem eigens gefertigten Ständer montiert ist.[117]

Das Gefäss besteht aus einem hellen Rinderhorn, das mit einem gravierten Manschettenring auf einem Ständer aus vergoldetem Kupfer befestigt ist. Er hat einen runden Fuss mit eingetieftem Sechspass und einen sechskantigen Schaft mit ornamental-ziseliertem, kissenförmigem Knauf. Das Horn selbst ist an seiner Öffnung mit einer vergoldeten Kupferlippe eingefasst und an der Spitze mit einem Kupferhut versehen, der von einem Polyeder bekrönt wird. Überdies umschliessen vergoldete Rankenbänder das Horn; sie sind mit Glassteinen, einer Korallenperle sowie mit blütenförmigen Applikationen besetzt.

Die ursprüngliche Funktion des Objekts bleibt unklar, da es an zeitgenössischen Quellen zu seiner Herkunft und Verwendung fehlt. In seiner heutigen Präsentation ist das Horn zudem in einer etwas zu steilen Neigung auf dem Ständer befestigt, was seine Wirkung verändert. Seine formale Sprache erinnert an skandinavische Beispiele des 15. Jahrhunderts, während die Fassungselemente um 1500 datiert werden können. Aufgrund des an sakrale Gefässe erinnernden Ständers wurde das Objekt lange als Reliquiar gedeutet.[118] Neuere Forschungen tendieren jedoch dazu, es als luxuriöses Trinkhorn zu identifizieren – nicht zuletzt, da Spuren eines einstigen Deckels fehlen. Denkbar bleibt zugleich eine Verwendung als repräsentative Altarzier ohne konkrete Funktion.[119]

GUTER HIRTE MIT VERSTECKTEN DETAILS

Christoph Daniel Schenck
um 1680
Buchsbaum, geschnitzt, leicht polychromiert; Metall
St. Gallen, Stiftsbibliothek
Inv. Nr. 317

Die Miniaturschnitzerei stammt von Christoph Daniel Schenck. Der Künstler belieferte auch den Bischof von Konstanz und den Abt von Einsiedeln mit Kunstkammerstücken in Buchsbaum und Elfenbein.

Miniaturschnitzereien aus Buchsbaum waren in den Kunst- und Wunderkammern sehr beliebt und wurden für ihre feine Kunstfertigkeit bestaunt.

Das preziöse St. Galler Relief zeigt Christus als guten Hirten in meisterlich abgestufter Schnitzkunst mit Details in Einlegearbeit. Die hauchdünne, aus Buchsbaum[120] gefertigte Tafel trägt am linken unteren Rand die Initialen *C. D. S.* des Konstanzer Bildschnitzers Christoph Daniel Schenck (vor 1633–1691) und ist auf 168[0] datiert.[121]

Schenck belieferte bedeutende Auftraggeber wie den Bischof von Konstanz oder den Abt von Einsiedeln mit Werken in Buchsbaum und Elfenbein, die sich durch Virtuosität und Detailfülle auszeichnen und die – obgleich für den privaten Andachtsgebrauch bestimmt – zugleich den Charakter kunstvoller Sammlungsobjekte besassen. Wahrscheinlich war auch das vorliegende Relief für eine Kunst- und Wunderkammer vorgesehen.[122]

Mit tänzerischem Schritt bewegt sich der Auferstandene nach rechts. Sein anmutig geneigter Kopf und der dem Betrachter zugewandte Oberkörper verleihen der Szene eine besondere Dringlichkeit. Auf seinen Schultern trägt Christus das wiedergefundene Schaf. Das im Schwung der Bewegung aufgewirbelte Lendentuch steigert den Eindruck lebendiger Dynamik. Schenck nutzt die graduelle Abflachung des Reliefs kunstvoll: Die Figur hebt sich in Hochrelief vom Grund ab, während das flatternde Tuch in die Umrisse der felsigen Landschaft eingebettet ist, die im Hintergrund als Flachrelief gestaltet erscheint.

Die Landschaft selbst ist durch eine Vielzahl differenzierter Strukturen belebt. Scharfe Zickzacklinien und punktierte Vertiefungen charakterisieren Felsen, Gräser und Erdreich im Vordergrund. Durch die Abstufung von Massstab und Stofflichkeit entsteht eine bemerkenswerte Tiefenwirkung, die das Relief über seine geringe Grösse hinaus räumlich erweitert. Auch die Farbigkeit trägt dazu bei: Ein Ockerton überzieht die gesamte Szene, während am Lendentuch Spuren einer Vergoldung erhalten sind. Mit roter Fassung hervorgehobene Partien – Wundmale, Lippen Christi und das Maul des Lammes – kontrastieren eindrucksvoll mit den schwarz akzentuierten Augen. Besonders raffiniert sind die aus Metall eingelegten Brustwarzen Christi, die das Spiel von Materialität und Illusion noch steigern.

Angesichts seiner Fragilität ist anzunehmen, dass das Relief ursprünglich in einen Rahmen eingefasst war, der seine Wirkung als Kunstkammerobjekt akzentuierte.[123]

MIKROGRAFIE DER PASSION CHRISTI

Johann Michael Püchler
Vor 1688
Tinte/Pergament
St. Gallen, Stiftsbibliothek
Inv. Nr. 106

Der bekannte süddeutsche Mikrografie-Künstler Johann Michael Püchler fertigte eine grosse Zahl vergleichbarer Bilder in Mikroschrift an und brachte sie auch als Drucke auf den Markt.

Winzige Dinge führten zu ungläubigem Staunen über ihre Kunstfertigkeit. Das gilt auch für die vorliegende Zeichnung, die bewusst auf die Verblüffung des Betrachters abzielt. Als visuelle Spielerei regt sie die Neugierde an und spiegelt die Vorliebe für optische Täuschungen wider, die in den Kunst- und Wunderkammern kultiviert wurde.[124] Schriftbilder gehörten deshalb zum festen Bestand vieler Sammlungen. Sie wurden von Schreibmeistern hergestellt, die eine lange und teure Ausbildung durchlaufen mussten[125] und vor allem Herrscherporträts schufen, die aus Lebensbeschreibungen oder Elogientexten zusammengesetzt sind.[126]

Die filigrane Federzeichnung des dornengekrönten Hauptes Christi[127] sieht auf den ersten Blick wie eine Kopie nach einem 1639 entstandenen Gemälde von Guido Reni aus.[128] Bei genauerem Hinsehen erkennt man aber, dass die virtuose Darstellung der Haare, des Bartes, der Augenbrauen und der Dornenkrone aus winzigen Schriftzügen aufgebaut ist: dem vollständigen (!) Text der Passionsgeschichte auf Deutsch. Eine Umschrift erwähnt, dass sich der Einstieg in die Lektüre «oben am Scheitel» befindet. Die miniaturhaften Buchstaben verlangten dem Leser eine Lupe sowie Konzentration ab und förderten so seine Hingabe an Christus, der die Heilige Schrift wörtlich verkörpert. Denn beim nahesichtigen Lesen gerät das Gesamtbild aus dem Blick und ruft die Passion vor die inneren Augen. Betrachtet man dagegen das ganze Blatt, lösen sich die Buchstaben aus dem Zusammenhang der Wörter und verbinden sich zum Bildnis Christi.[129] Neben ihrer meditativen Funktion sollte die Zeichnung den Betrachter auch mit ihrer Kunstfertigkeit in Staunen versetzen.

Die Initialen verraten, dass sie von der Hand des bekannten Schwäbisch-Gmünder Mikrografen Johann Michael Püchler († 1709) stammt. Der Inschrift zufolge widmete er sein Werk dem St. Galler Fürstabt Cölestin Sfondrati: *Dem Hochwürdigsten Fürsten und Herrn Gallo Abten des Hochfürstl. Stiffts S: Gallen sec. meinem Genädigsten Fürsten und Herrn untertänigst offerirt und decidirt durch JMB.* Das Motiv liegt noch in einem zweiten Exemplar in der Stiftsbibliothek – seitenverkehrt und ohne Widmung.[130]

Wie im 17. Jahrhundert üblich, dürfte Püchler für sein Geschenk aber eine «Honoranz» aus der fürstäbtlichen Schatulle bekommen haben.[131] Wahrscheinlich gelangte die Zeichnung anschliessend in die Kuriositätensammlung des Klosters. Dort sah sie vermutlich der St. Galler Mönch Gabriel Hecht (1664–1745), der sich später als Meister der Miniaturschrift hervortat und unter anderem einen ganzen Ornat aus Pergament mit Mikrographien verzierte.

GRABLEGUNG CHRISTI

Anonym
Erste Hälfte 17. Jahrhundert
Holz, Elfenbein, Bernstein, Glasfluss
St. Gallen, Stiftsbibliothek
Inv. Nr. 675

Die Heiligen Gallus und Otmar auf dem Rahmen sprechen dafür, dass die feine Elfenbeinschnitzerei in St. Gallen hergestellt wurde.

Miniaturschnitzereien verkörpern die in den Kunst- und Wunderkammern der Frühen Neuzeit gehegte Faszination für das Winzige, Kostbare und Kunstvolle. Eines der bemerkenswertesten Objekte dieser Art ist der Kirschkern von 1589 im Grünen Gewölbe Dresden, der 185 Gesichter abbildet.[132] Der Prager Bildschnitzer Georg Kleinert soll sogar ein ganzes Reitergefecht in einen Kirschkern geschnitzt haben.[133]

In diese Tradition reiht sich das kleine, 1.7 × 1.7 cm grosse Elfenbeinrelief der Grablegung Christi ein. Vor dunkel gefasstem Grund tragen Josef von Arimathäa und Nikodemus den Leichnam zum Grab, während die drei Marien und Johannes betend im Hintergrund stehen. Die Komposition ist in einen überraschend grossen, mehrstufigen Rahmen (16.5 × 15 cm) eingefügt, der das Miniaturwerk wie eine staunenswerte Kostbarkeit präsentiert.

Ein reich gestalteter Binnenrahmen (6 × 4.3 cm) mit orangerotem Bernstein umfasst die Szene; darin eingelassen sind zwei pyramidenförmige rote Steine und Gläser mit feinen Kandelabermotiven. Dieser innere Schmuckrahmen wird von einem ebonisierten, mehrfach gekehlten Holzrahmen umgeben, dessen Oberfläche mit aufgenagelten, durchbrochen gearbeiteten Silberapplikationen verziert ist: Neben scharnierartigen Ornamenten erscheinen in den Ecken Cherubim und an den Langseiten die Heiligen Gallus und Otmar.

Die Präsenz der beiden Hausheiligen deutet auf eine Entstehung im Einflussbereich der Fürstabtei St. Gallen hin, während die Ornamentik die Datierung in die erste Hälfte des 17. Jahrhunderts nahelegt. Höchstwahrscheinlich entstammt das Kabinettstück der klösterlichen Kuriositätensammlung, in der es sich jedoch erst 1836 nachweisen lässt:[134] Damals war es an der Innenseite des Münzschrankes in der sogenannten Handschriftenkammer angebracht – jenem Ort, an dem die Mönche ihre Raritäten bewahrten und zur Schau stellten.

SPITZENBILDCHEN ALS GNADENBILDER

Spitzenbildchen gehören zur Gattung der religiösen Klosterarbeiten, genauer: zu den Heiligenbildchen.[135] Sie wurden vor allem in Frauenklöstern angefertigt und dienten als Andachtsbilder, die man in Gebetbücher einlegte. Namen der Schöpferinnen sind kaum überliefert, doch manche Stücke zeichnen sich durch eine bemerkenswerte handwerkliche und künstlerische Qualität aus.

Der Aufbau folgt stets einem ähnlichen Prinzip: Ein zentrales Bild – meist eine Heiligendarstellung oder ein christliches Symbol, in Gouache ausgeführt – ist von einem aus Papier oder Pergament geschnittenen Spitzenrahmen eingefasst. Diese Rahmen, in ihrer Zartheit fast ununterscheidbar von textiler Spitze, wurden mit feinsten Werkzeugen wie Messer, Schere, Nadel und Punze geschnitten. Ihre Herstellung war überaus aufwändig und machte die Bildchen kostbar. Zwar erinnern sie an Scherenschnitte, doch sind sie technisch weitaus anspruchsvoller. Erst im späten 18. Jahrhundert kamen erste maschinell gestanzte oder geprägte Spitzenbildchen in Umlauf, die den kostbaren Handarbeiten allmählich Konkurrenz machten.

Ob die hier gezeigten Beispiele in der Kuriositätensammlung des Klosters St. Gallen aufbewahrt wurden, ist unbekannt.[136] In die Wunderkammer-Tradition hätten sie jedoch gut gepasst, verkörpern sie doch jene Vorliebe für filigrane Kunstwerke, die Bewunderung und Staunen hervorriefen.

Das eine der beiden Bildchen zeigt in einem hochovalen Medaillon den kindlichen Christus als *Salvator mundi:* Er steht auf der Weltkugel mit der Schlange des Sündenfalls und stützt mit der linken Armbeuge das Kreuz. Das Bildchen ist rückseitig auf 1707 datiert und wird von einem feinen Spitzenrahmen in spätbarocker Akanthusornamentik eingefasst.[137]

Das zweite Exemplar aus der Mitte des 18. Jahrhunderts besitzt einen besonders filigranen, geschweiften Rahmen in Rokoko-Ornamentik. Eine kleine Kartusche am unteren Bildrand weist das zentrale Motiv als das Gnadenbild der Schwarzen Madonna von Einsiedeln aus – eine der bekanntesten Wallfahrtsmadonnen des katholischen Europas.

Spitzenbildchen Christus als Salvator Mundi
Anonym
1707
Papier, geschnitten; Gouache/rote Pappe
St. Gallen, Stiftsbibliothek
PS 3 Schubl. 10, Nr. 1.47

Spitzenbildchen mit Gnadenbild Maria von Einsiedeln
Anonym
Mitte 18. Jahrhundert
Papier, geschnitten; Gouache/rote Pappe montiert
St. Gallen, Stiftsbibliothek
PS 3 Schubl. 10, Nr. 1.46

Spitzenbildchen entstanden in Frauenklöstern und konnten sehr kostbar sein. Sie wurden mit verschiedenen Instrumenten, darunter sehr feinen Messerchen und Punzen, hergestellt. Um 1800 kamen erste maschinell gestanzte Spitzenbildchen auf.

S. Maria Einsidl

«DAS KLEINSTE BUCH DER WELT»

St. Gallen, Stiftsbibliothek
A/V VI a 92
Papier, 8 Blätter
0.5 × 0.5 cm

Vaterunser, Englisch, Französisch, Deutsch, amerikanisches Englisch, Spanisch, Niederländisch und Schwedisch, hg. vom Gutenberg-Museum Mainz, [München]: [Waldmann & Pfitzner] und [Mainz]: Gutenberg-Museum, [1959].

Ein neueres Liebhaberobjekt, das winzig im Sinn der Wunderkammern und in neuerer Zeit in die Stiftsbibliothek gelangte, ist das sogenannte «Kleinste Buch der Welt». Es wurde erstmals 1959 vom Gutenberg-Museum Mainz herausgegeben und wurde seither immer wieder neu aufgelegt. Mit dem Verkauf, gegenwärtig für 32 Euro, generiert das Museum Mittel für seinen Betrieb.

Das winzige Büchlein im Format 5 × 5 Millimeter enthält im Inneren das Vaterunser in sieben Sprachen: Englisch, Französisch, Deutsch, amerikanisches Englisch, Spanisch, Niederländisch und Schwedisch. Handwerklich ist es ein Wunderwerk, im Bleisatz gedruckt von der Münchner Druckerei Waldmann und Pfitzner, von Hand mit Faden gebunden und der feine Ledereinband mit Gold verziert. Zur Lektüre ist diesem Exemplar eine Lupe aus Plexiglas beigegeben, in die das Bändchen versorgt werden kann. Das Lesen des Texts ist nicht einfach, aber wer es tut, ist fasziniert von der extremen Feinheit der Buchstaben und der handwerklichen Verarbeitung.

Im Lauf der Zeit wurden weitere Varianten produziert, eine mit dem Text *Ich liebe Dich* in zwölf Sprachen, eine mit dem Berliner Freiheitsschwur in sieben Sprachen[138] und eine mit dem olympischen Eid, ebenfalls in sieben Sprachen.[139]

Superlative sind oft problematisch, so auch hier. Jedenfalls wurde 2013 im Toppan-Druckereimuseum in Tokio ein Buch in der Grösse eines Stecknadelkopfs herausgegeben, das nur gerade 0.75 Millimeter hoch und breit ist.[140]

Die Stiftsbibliothek besitzt zwei Exemplare des Mainzer kleinsten Buchs, beide hat sie als Geschenk erhalten, vermutlich von Personen, die einmal das Gutenbergmuseum in Mainz besucht haben. Dort wird es immer noch zum Kauf angeboten.[141] Sogenannte Mini- oder Mikrobücher sind ein Nischenmarkt im Buchhandel mit spezialisierten Anbietern.[142] (Cornel Dora)

OUR FATHER WHICH ART IN HEAVEN
HALLOWED BE THY NAME. THY
KINGDOM COME. THY WILL BE
DONE IN EARTH, AS IT IS IN
HEAVEN. GIVE US THIS DAY OUR
DAILY BREAD AND FORGIVE US
OUR DEBTS, AS WE FORGIVE OUR
DEBTORS. AND LEAD US NOT INTO
TEMPTATION, BUT DELIVER US

SILVIO FRIGG | RUTH WIEDERKEHR

SCIENTIFICA – DEN HIMMEL ERKUNDEN

6

Zu den ältesten naturwissenschaftlichen Geräten zählt das Astrolabium. Es ist seit der Antike bekannt und galt bis in die Neuzeit als zuverlässiges Instrument für die Beobachtung des Himmels. Zur Vermessung der Gestirne gehörte die eigene Verortung auf dem Erdglobus. In einer Handschrift des St. Galler Mönchs und Lehrers Notkers des Deutschen (um 950–1022) aus der Zeit um 1015 findet sich der wichtigste Hinweis auf einen Erdglobus des Früh- und Hochmittelalters (Cod. Sang. 825, S. 96–97).[143] Dieser Globus diente in St. Gallen als Ergänzung zu den Traktaten, Modellen und Tabellen in astronomischen Handschriften, in denen immer auch der Kalender (*Computus*) enthalten war (z. B. Cod. Sang. 250 und 902).

Die Astronomie war im Mittelalter eine Disziplin des gängigen Curriculums der Sieben freien Künste. Im Lauf des 16. Jahrhunderts entwickelten sich die mathematischen Fächer durch zahlreiche Anwendungsbereiche in Architektur, Physik oder Geografie rapide weiter. Es entstand ein breites Spektrum an mathematisch-naturwissenschaftlichen Disziplinen mit entsprechenden Geräten.[144]

Womöglich im Zug der sich erweiternden Wissenschaften erwarb Fürstabt Cölestin Gugger von Staudach (Fürstabt 1740–1767) im November 1749 zwei Globen. Vielleicht handelte es sich um zwei kleinere Tischgloben, darauf deutet der eher geringe Kaufpreis von 25 Gulden und 30 Kreuzern hin. Im Ausgabenbuch wurde der Kauf unter der Rubrik *Bibliotheca* mit *zwey Globos kaufft* vermerkt. Über deren Verbleib gibt es leider keine Nachricht. Wahrscheinlich erhielten die Globen zusammen mit Handschriften und Drucken während des Bibliothekneubaus ab 1757/58 im Kloster Mariaberg zeitweiliges Asyl. Vielleicht kamen sie von da nicht mehr zurück.[145]

In den Wunderkammern befanden sich neben den astronomischen Instrumenten aber auch Messgeräte, technische und chemische Modelle. 1783 wurden verschiedene solche Geräte angeschafft.[146] Als der St. Galler Bibliothekar Johann Nepomuk Hauntinger 1784 eine Reise zu den Klosterbibliotheken Süddeutschlands machte, erstellte er eine Bücherwunschliste und kaufte aus verschiedenen Fachgruppen neue Werke. Hierzu zählten auch Bücher zu Naturwissenschaft, Mathematik, Astronomie und Technik. Im Vergleich zur Gesamtheit der Anschaffungen allerdings und der Fülle an Literatur des 18. Jahrhunderts in diesen Bereichen war ihre Zahl gering.[147]

Im Kloster St. Gallen wurde nicht naturwissenschaftlich geforscht, mathematische Geräte wurden deshalb wahrscheinlich primär in der Schule benötigt. Deshalb beschränkt sich der Sammlungsbestand an Scientifica auf ein frühneuzeitliches Astrolabium, einen Sternfinder und zwei Globusrepliken.[148]

(Silvio Frigg, Ruth Wiederkehr)

MIT DEM ASTROLABIUM DEN HIMMEL VERMESSEN

Anonym
1600–1700
Messing, graviert
St. Gallen, Stiftsbibliothek
Inv. Nr. 1263

Das Astrolabium besteht aus einer runden Mater, in die zwei drehbare Scheiben eingelassen sind. Darauf ist ein Zeiger montiert.

Das Astrolabium war bis ins 18. Jahrhundert eines der wichtigsten Arbeitsinstrumente der Astronomen und findet sich daher häufig in klösterlichen Sammlungen. Diese «Sternnehmer» (von ἄστρον, *ástron* = Stern, λαμβάνειν, *lambanein* = nehmen) ermöglichen zahlreiche astronomische Berechnungen und die Demonstration von Himmelsbewegungen.[149]

Vermutlich haben Araber und Perser bereits in der Antike Astrolabien gebaut. Beschreibungen aus der Spätantike stammen aus Syrien und dem heutigen Ägypten. Sie wurden ab dem 10. Jahrhundert ins Lateinische übersetzt.[150] Hermann Contractus (Hermann der Lahme, 1013–1054) verfasste um die Mitte des 11. Jahrhunderts auf dieser Basis eine Konstruktions- und Gebrauchsanweisung, *Liber de mensura astrolabii* und *Liber de utilitatibus astrolabii.* Er verhalf dem Astrolabium damit zur Verbreitung in Europa; in St. Gallen ist allerdings keine Abschrift und auch kein mittelalterliches Astrolabium überliefert.[151]

Das hier abgebildete St. Galler Astrolabium ist nicht datiert und dessen Provenienz nicht abschliessend zu klären, es wurde aber wahrscheinlich im 17. Jahrhundert hergestellt. Die Konstruktionsweise von Messingastrolabien dieser Art veränderte sich kaum, doch weist die Beschriftung unseres Objekts auf eine frühneuzeitliche Entstehung hin.

Grundsätzlich orientiert sich das Astrolabium an einem geozentrischen Weltbild: Die Erde bleibt fest, während sich der Sternenhimmel dreht. Am Drehpunkt befindet sich der Nordpol des Sternenhimmels, von aussen betrachtet. Ein Astrolabium besteht aus einer Grundplatte *(Mater)* mit Aufhängering, drehbaren Scheiben und mobilen Zeigern. In die Mater mit Zeitskala und Windrose sind eine Einlegescheibe *(Tympana)* mit dem Horizontal-Koordinatennetz sowie ein Spinnennetz *(Rete)* mit Ekliptik, Tierkreis und Spitzen, die auf Fixsterne verweisen, eingelassen.[152]

Es lässt sich nicht bestimmen, wann das Astrolabium, das einen Durchmesser von 15 Zentimetern hat, nach St. Gallen kam. Abt Beda Angehrn notierte am 22. Mai 1783 in seinem Handbüchlein unter *zuofällige sachen* die Anschaffung von *instrumenta mathemat. und büchern.*[153] In dieser Mischrubrik seiner Buchhaltung sind unterschiedliche Ausgaben verzeichnet, die kein einheitliches Bild ergeben – und unter «mathematischen Instrumenten» im engeren Sinn wären Lineale, Zirkel und andere Messgeräte der Geometrie und nicht die astronomischen Geräte zu verstehen. (Ruth Wiederkehr)

GEMINI
TAVRVS
ARIES
PISCES
AQVARIVS
CAPRICORNVS
SAGITARIVS
SCORPIVS
LIBRA
VIRGO
MAYVS
APRILIS
IANVARIVS
DECEMBER
NOVEMBER
OCTOBER
VMBRA
RECTA
VMBRA VERSA

STERNFINDER ALS SCHULINSTRUMENT

Anders als das Astrolabium ist der Sternfinder eine Erfindung des letzten Viertels des 18. Jahrhunderts. Georg Friedrich Brander (1713–1783) aus Augsburg brachte diesen 1776 auf den Markt mit dem Ziel, damit *ohne sonderliche oder mühsame Anweisung*[154] den Lauf der Sterne zu errechnen. Brander hatte zu diesem Zeitpunkt schon mehrere Geräte weiterentwickelt, die er in grosser Zahl vertrieb. Dazu gehörten mathematische Instrumente wie Messskalen, Messtische und Stative, aber auch geometrische Instrumente wie Libellen, Diopter, Theodolite, Nivelliere sowie Uhren und Geräte zur Ausmessung und Beobachtung der Himmelsbewegungen wie Sonnenquadranten und -uhren, Teleskope – und ein Sternfinder. Zu Branders Abnehmern zählten Akademien, neue physikalische Gesellschaften und auch Klöster.[155]

Der Sternfinder besteht aus einer hölzernen Scheibe und einem darauf angebrachten Zeiger auf einem Elevationsquadrant, und einem auf die Platte aufgesteckten Rohr mit Quadrant, in das ein Tubus eingeschoben werden kann. Die Scheibe liegt auf einem quadratischen Holzblock (60×60×21 cm) mit drei Stellschrauben und einer bei diesem Exemplar in St. Gallen fehlenden Schublade, die in der Regel eine Bussole (Kompass) beinhaltet.[156]

Mit dem Sternfinder lassen sich nicht nur Sterne bestimmen, sondern anhand des Sonnenstands auch die Tageszeit oder prospektiv der Durchgang eines Sterns prognostizieren. Den Sternfinder entwickelte Brander *zum dociren auf hohen schulen und Gymnasien*. Das Gerät ist einfacher zu bedienen als das seit der Antike bekannte Astrolabium (vgl. oben, S. 68–69) und fand wohl deshalb grossen Anklang. Es blieb weit über den Tod Branders hinaus, bis mindestens 1820, im Vertrieb. Im Katalog der Werkstatt ist über das Schulinstrument zu lesen: *[…] den Lernenden flöset es wegen der Unterhaltung und Leichtigkeit im Gebrauche mehrern Hang und Neigung zu der Astronomie ein.*[157]

Branders Werkstatt war ab den 1760er-Jahren und auch unter seinem Schwiegersohn, Caspar Höschel (1744–1820), eine der einflussreichsten technischen Werkstätten im süddeutschen Raum.[158] Sie stand mit Jesuitenuniversitäten und Abteien mit grösseren Klosterschulen in Kontakt. Belegt sind Lieferungen nach Ingolstadt, Eichstätt und Dillingen oder nach Einsiedeln in der Schweiz.[159] Wann genau Branders Sternfinder nach St. Gallen gelangte und über welchen Weg dies geschah, ist nicht geklärt. Eine Möglichkeit ist, dass Abt Beda Angehrn diesen zusammen mit weiteren *instrumenta mathemat.* für den Schulunterricht (vgl. oben, S. 67) ankaufte. Besonders gut erhalten ist die papierne Sternkarte, die auf die Holzscheibe aufgeklebt ist. Dies weist darauf hin, dass das Instrument häufig in der Holzschachtel aufbewahrt wurde. (Ruth Wiederkehr)

Werkstatt Georg Friedrich Brander Augsburg
1776
Kupfer, Papier bedruckt, Glas geschliffen, Pergament, Leder, Messing, Eichenholz, Transportkiste: Nadelholz, mit blauem Bundpapier kaschiert; Griffe Eisen
St. Gallen, Stiftsbibliothek
Inv. Nr. 1262

Die Sternkarte auf der Holzscheibe des Sternfinders ist besonders gut erhalten. Darauf ist die Werkstatt vermerkt: *Construit par George Fredric Brander, Mecanicien à Augsbourg, A° 1776.*

WELTMASCHINE GLOBUS

St.Gallen, Stiftsbibliothek SGST 16139, Titelseite Robert Hues, Tractatus de Globis, Coelesti et Terrestri, ac eorum usu, Amsterdam 1611

Der St.Galler Globus aus der Zeit um 1576 gehört zu den faszinierendsten Erd- und Himmelsgloben. Er dient nicht nur als astronomisches Instrument, das Bewegungen des Firmaments nachvollziehbar und voraussagbar macht, sondern auch als Schaubild der vom Menschen bewohnten und erforschten Welt. Als Gegenstand der Wunderkammer hatte er in seiner Grösse und Pracht sicher auch eine repräsentative Funktion. Wer auf diese Weise die Welt darstellt, hat auch den Willen, darüber zu verfügen. Es ist ein Bild der Wunderkammer der Welt in der Wunderkammer des Fürsten.

Als Grundlage für die Darstellung der Länder und Meere diente eine gedruckte Vorlage nach Gerhard Mercator (1512–1594). Der Globus befand sich damit auf dem aktuellen europäischen Wissenstand in der zweiten Hälfte des 16. Jahrhunderts.[160]

Während sich die Erddarstellung relativ mühelos lesen lässt, bietet der Himmelsglobus eine Reihe von Hürden. Die Sternzeichen und die markanten Sterne sind mit Rücksicht auf das geografische Kartenbild platziert worden. So sind beispielsweise von den zwölf Tierkreiszeichen nur deren drei (Fisch, Waage, Skorpion) dargestellt.

Um den Globus zu nutzen, kann er als Ganzes auf dem Fuss gedreht werden. Mit der Kurbel und den Zahnrädern steht wiederum eine Mechanik zum Abkippen der Kugel im Meridianring zur Verfügung. Hier lässt sich der Breitengrad für die gewünschte Beobachtung einstellen. Auch eine Drehung um die eigene Achse ist möglich. Eine vollständige Umdrehung entspricht einem Tag von 24 Stunden, was sich am Zifferblatt mit Stundenzeiger ablesen lässt.

Damit lassen sich eine ganze Reihe von Beobachtungen wie beispielsweise Auf- und Untergang der Sonne für einen bestimmen Ort und einen gewählten Tag im Jahr ableiten. Der Globus ist ein Instrument, dessen sinnvolle Bedienung Fachwissen voraussetzt. Von diesem Fachwissen zeugt auch eine zeitgenössische Anleitung zur Verwendung von Globen, die im Bestand der Stiftsbibliothek seit dem Ende des 17. Jahrhunderts überdauert hat. Technisch lassen sich diese von Robert Hues (1553–1632) im *Tractatus de Globis* von 1611 gegebenen Manipulationen allesamt umsetzen.[161] (Silvio Frigg)

TRACTATVS.

DE

GLOBIS,

COELESTI,

ET

TERRESTRI,

AC EORVM VSV:

Conſcriptus à ROBERTO HVES.

Denuo auctior & emendatior editus.

S. Galli

AMSTELODAMI.

Excudebat IUDOCUS HONDIUS, ſub ſigno Canis vigilantis in Platea Vitulina prope Senatoriam Domum, ANNO CIↃ IↃCXI.

DIE ZWEI GLOBUS-REPLIKEN IM BAROCKSAAL

Heute steht im Barocksaal der Stiftsbibliothek eine funktionstaugliche Replik des St.Galler Globus. Sie ist die Folge der politischen Einigung im Kulturgüterstreit zwischen St.Gallen und Zürich. Der durch die Streitparteien ausgehandelte Kompromiss sah vor, dass nebst einem Modus zur Rückführung von vierzig St.Galler Handschriften in die Stiftsbibliothek von Zürich auch eine «fachmännisch erstellte, originalgetreue Replik» des St.Galler Globus geschaffen werden solle.[162]

Diese Replik wurde auf der Grundlage von Untersuchungen am Original erstellt und im Herbst 2008 nach St.Gallen gebracht. Für das durch das Staatsarchiv Zürich betreute Projekt mit über 50 Projektbeteiligten wurden rund 7000 Arbeitsstunden eingesetzt. Mit wenigen bewusst gewählten Ausnahmen wurden für alle Arbeiten dieselben Materialien verwendet wie beim Original.

Nur die letzten Abschluss- und Ergänzungsarbeiten wurden in St.Gallen geleistet, so der Firnis. Gewisse Beschriftungen mit Tusch wären auf der Kugel auch Jahre nach deren Applikation noch wasserlöslich geblieben. Daher wurde entschieden, den Globus mit einer feinen Ölschicht zu überziehen und diese mittels UV-Licht trocknen zu lassen. Dafür musste im Herbst 2010 der Lesesaal der Stiftsbibliothek für mehrere Wochen geschlossen und geräumt werden.[163] Kurbel und Stundenzeiger bleiben hingegen Annäherungen aufgrund einer Verkaufszeichnung. Da sie im Original verloren sind, konnte ihre Materialität nie untersucht und bestimmt werden.[164]

In dieser Hinsicht ähnlich ist die viel kleinere Replik des «Notker-Globus». Hier wurde aufgrund einer Textstelle von Notker dem Deutschen (um 950–1022) in Cod. Sang. 825 die dort um 1015 beschriebene *spera* detailreich rekonstruiert, ohne dass dafür eine materielle Vorlage vorhanden war.[165]

Entsprechend dem Text von Notker lassen sich an vier geografischen Bezugspunkten zwischen nördlichem Wendekreis und Äquator Beobachtungen zum Zenitstand der Sonne nachvollziehen. Dies lässt sich nur durch eine abkippbare Kugel in einem Äquatorring bewerkstelligen. Für Grösse und äussere Form dieser Kugel wurde ein in St.Gallen überlieferter Traktat des Aratos von Soloi (um 310 v. Chr–245 v. Chr.) herangezogen, der die Tierkreiszeichen und einen Himmelsglobus auch als Zeichnungen enthält (Cod. Sang. 902).

Notker erwähnt in seinem Text den Ort Thule als nördlichsten Punkt des bewohnbaren Teils der Erde und die Antipoden auf der gegenüberliegenden Seite der damals bekannten Welt. Für die Replik wurden auch diese Hinweise beigezogen. Zusammen mit den vier weiteren im Text erwähnten Ortschaften (die äthiopischen Inseln, die

Küste von Afrika, die Nilinsel Meroë und die ägyptische Stadt Syene) bilden Thule und die Antipoden das Grundgerüst der Zeichnung auf der Weltkugel.

Die grösste Herausforderung des Projekts bestand darin, aus dieser knappen Skizze eine lesbare und plausible Kartenform zu entwickeln. Die heute noch überlieferten Kartentraditionen aus der Zeit um das Jahr 1000 unterscheiden sich deutlich voneinander.[166] Oft sind sie für heutige Betrachter nur schwer lesbar.

Hilfreich war schliesslich die Annäherung an Notker als Lehrer, der seinen Schülern gegenüber verständnisvoll war. Aus kuratorischer Sicht schien darum eine Annäherung an das geografische Wissen der Gegenwart angemessen. Umrisslinien Europas und des Mittelmeers sind demnach für unsere Augen lesbar gewählt worden. Kartenfüllung, weitere Zitate aus St.Galler Handschriften und Anklang an heilsgeschichtliche Tradition sind dann noch Zierde und Spielerei im Kartenbild. (Silvio Frigg)

Die beiden geöffneten Halbschalen der abgeölten Replik des St.Galler-Globus liegen 2010 unter UV-Licht zur Trocknung im Lesesaal.

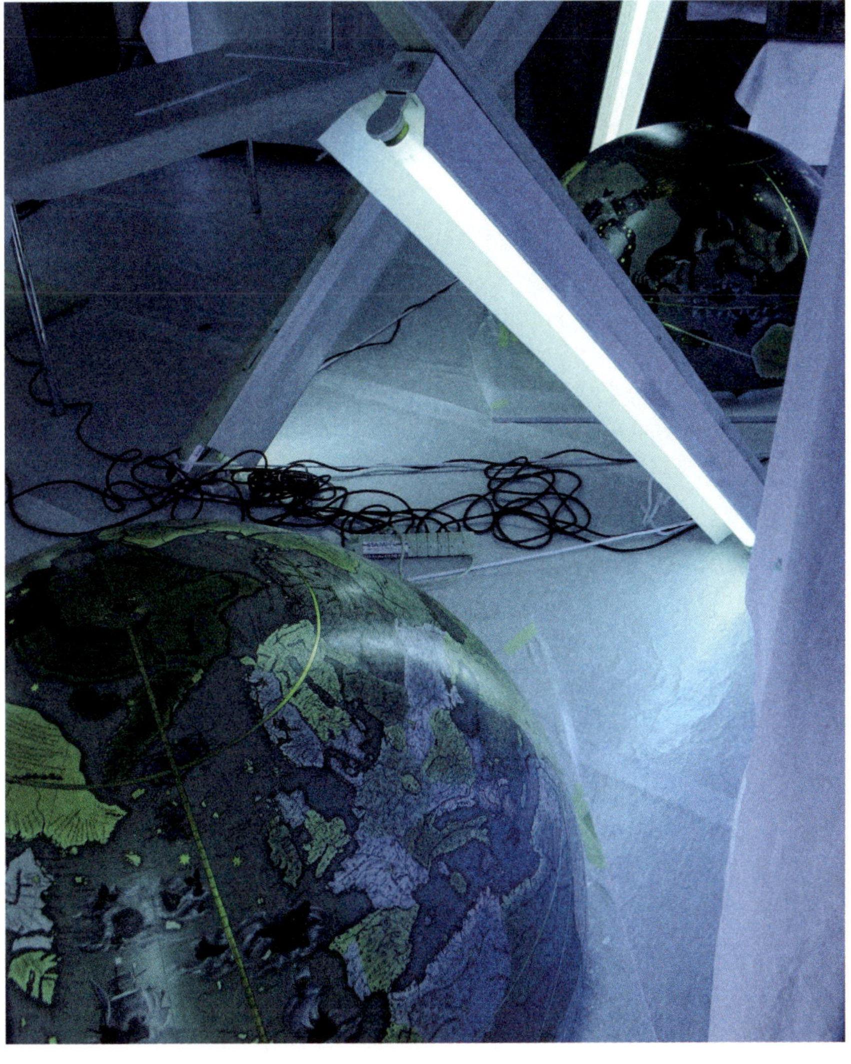

Linke Seite oben
Hanspeter Strang (Holz), Klaus-Peter Schäffel (Schrift und Buchmalerei), Ina Link und Johanna Vogelsang (Dekorationsmalerei), Silvio Frigg (Projektleitung)
2023
Holz, polychrome Malerei
St. Gallen, Stiftsbibliothek

Der Himmelsglobus aus der Aratos-Handschrift als Vorlage für Gestaltung und Bemalung des Notker-Globus.

Linke Seite unten
Die Antipoden auf dem Notker-Globus bilden Erstaunliches und Ungeheures im unbekannten Raum jenseits der bekannten Welt ab.

Rechte Seite
St. Gallen, Stiftsbibliothek
Cod. Sang. 902, S. 81
Pergament, 186 Seiten
32 × 25 cm
Kloster St. Gallen, 9. Jahrhundert

Die Nachbildung des Notker-Globus von um 1015. Das Gestell ist nach der Aratos-Vorlage in historischen Buchmalereifarben farbig gefasst.

15 · 95

Die ergänzte Kurbel an der Mechanik der Replik des St. Galler Globus.

Der St. Galler Globus der Zentralbibliothek Zürich im Schweizerischen Nationalmuseum ist der Originalglobus aus der Zeit um 1576. 2007 wurde er im Barocksaal der Stiftsbibliothek St. Gallen präsentiert.

ULRIKE GANZ | RUTH WIEDERKEHR

7 NATURALIA – WUNDER DER NATUR

Naturalia – Schätze der Natur – waren Bestandteil jeder Kunst- und Wunderkammer des späten 16. bis frühen 18. Jahrhunderts. Samuel von Quiccheberg (1529–1567), Verfasser des ersten Museumsratgebers, verstand darunter Naturwunder aus Tier-, Pflanzenreich und Mineralien.[167] In dieser Zeit wurden viele neue biologische Arten gesammelt und beschrieben. Fürsten, Händler, Ärzte und Apotheker legten Naturaliensammlungen mit unterschiedlichen Schwerpunkten an. Besonders geschätzte Sammelstücke waren kuriose Abweichungen von der Norm wie monströse Geweihe oder «Riesenknochen» (Saurier). Fürstliche Sammler suchten vor allem seltene, schwer beschaffbare Naturschönheiten, die ihren Machtbereich und ihr Beziehungsnetz widerspiegelten. Krokodile, Papageien, Korallen, Schildpatt oder Straussеneier dienten der Repräsentation; begehrt waren auch Objekte mit vermeintlich magischen Kräften.[168] Ein Beispiel ist der seit dem Mittelalter geschätzte Narwalzahn.[169]

Die St. Galler Raritätensammlung entstand spät, als andernorts schon Spezialsammlungen existierten. Zwar dürften im 17. Jahrhundert einzelne Naturalia in der unter Fürstabt Diethelm Blarer von Wartensee (Fürstabt 1530–1564) in den Jahren 1551–1553 erbauten Renaissance-Bibliothek («Blarer-Bibliothek») vorhanden gewesen sein, doch erst ab Mitte des 18. Jahrhunderts berichteten Besucher ausführlicher davon. Ein Zürcher Student erwähnte *einiche Curiositeten der Natur, darunter einen schönen Crystell.*[170] Bereits damals dürften auch die *Muscheln und Schnecken aus Indonesien*,[171] das *Meergras*, der *Vogel Kasuari* und die *Papageienfedern* vorhanden gewesen sein.[172] 1748 beschrieb der französische Gelehrte Augustin Calmet einen *neun Pfund schweren Stein aus dem Bauch eines Pferdes*,[173] einen Magneten, Korallenbäume und die Muschelsammlung.[174]

Mit dem Neubau der Klosterbibliothek 1767/68 erhielt die Sammlung neue Räume. Im Barocksaal wurden über den Fenstern Naturalia und Kunstwerke gezeigt, und in einem Schrank in der Handschriftenkammer Mineralien.[175] An der Innenseite zweier Schranktüren hingen Vesuv-Zeichnungen, als Ergänzung zu dort aufbewahrten Lavabrocken. 1780 umfasste die Sammlung 97 Mineralien; zwölf Jahre später war sie durch Schenkungen auf einige Tausend Stück angewachsen.[176]

Auch botanische Kuriositäten zählten zu den Naturalia. 1745 berichtete ein Zürcher Student von *allerley schönen und rare[n] Pflanzen, fürnehmlich vile schöne frömbde und indianische Gewächs.*[177] Besonderes Aufsehen erregte ein Gewächshaus mit tropischen Pflanzen.[178] (Ulrike Ganz)

BERGKRISTALL UND TROPFSTEIN

Bergkristall war in Kunst- und Wunderkammern sowohl als funkelndes Naturwunder als auch in Gefässform mit Goldmontierung beliebt und vereinte Kunst und Natur aufs Kostbarste. Antike Schriftsteller wie Plinius bezeichneten den Edelstein als gefrorenes Wasser, versteinert in der Gebirgskälte; daher leitet sich die Bezeichnung Kristall von griechisch *Krystallos* («Eis») ab.

Die vorliegende Kristallstufe galt als Naturwunder, das ab Mitte des 18. Jahrhunderts in zahlreichen Reiseberichten hervorgehoben wurde. Bereits im Sommer 1745, als die Sammlung noch in der alten Blarer-Bibliothek war, schrieb ein Student: *Auch zeigeten uns diese Herren etliche Curiositäten der Natur und Kunst [...], [wir] sahen einige merkwürdige Stücke, unter ihnen einen sehr schönen und grossen Crystell.*[179] Andere Reisende beschrieben das spektakuläre Mineral als grossen Kristall in Gebirgsform.[180]

Die Mehrzahl der Mineralien kam erst nach 1780 während der Amtszeit des Fürstabts Beda Angehrn (1767–1796) in die Sammlung, wie eine Aufstellung des Klosterbibliothekars Johann Nepomuk Hauntinger belegt. Die zunehmende Spezialisierung auf Naturalia spiegelt den allgemeinen Trend der Zeit wider: Das universale Sammelmodell der Wunderkammern geriet zugunsten von Spezialsammlungen aus der Mode. Hauntinger verzeichnete 1779 eine Schenkung von 54 spektakulären Mineralien, die der Subprior des Klosters Petershausen, Franz Georg Uebelacker (1742 – nach 1800), gestiftet hatte.[181] Da ein grösserer Bergkristall in Hauntingers Aufstellung fehlt, handelt es sich beim vorliegenden Stück vermutlich um die bereits 1745 beschriebene Kristallgruppe. An anderer Stelle erwähnt der Bibliothekar einen grossen Kristall aus der *Herrschaft Pfeffers*, der rund 24 Pfund wog und einige Stücke vom Gotthardgebirge umfasste.[182]

Das andere ausgestellte Stück ist ein Tropfstein aus der Stiftung Uebelackers, der 1779 nach St. Gallen kam. Hauntinger vermerkte, er stamme *aus Karlsbad in Böhmen.*[183] Nach der Klosterauflösung erhielt die Naturaliensammlung 1836 eine neue Bestimmung als Studienmaterial in der Katholischen Kantonssekundarschule (heute «flade»), die in den ehemaligen Klosterräumen eingerichtet worden war. Ein Übergabeliste an Rektor Federer aus dem Jahr 1836[184] zeigt, dass ein Gutteil der Mineralien bereits anderweitig abgegeben worden oder verloren gegangen war. 2017 wurden die in der Schule noch vorhandenen Reste der Mineralien- und Muschelsammlung an die Stiftsbibliothek zurückgegeben. (Ulrike Ganz)

Rechte Seite
Stalaktit
Karlsbad
St. Gallen, Stiftsbibliothek
Inv. Nr. 2059

Während der Bergkristall schon im 17. Jahrhundert in der Sammlung nachweisbar ist, kam der Stalaktit erst 1780 als Schenkung dazu.

Unten
Bergkristall
Schweiz
St. Gallen, Stiftsbibliothek
Inv. Nr. 2058

DER SAMMLER OLE WORM

Auf ihrer Italienreise im Jahr 1699 besichtigten die St. Galler Patres Lukas Grass und Jodok Müller die berühmte Mailänder Kunst- und Wunderkammer des Gelehrten Manfredo Settala und beschrieben dieses «mit vielen Raritäten ausgestattete Haus» voller Begeisterung. Neben den Automaten interessierten sie besonders die in Weingeist eingelegten anatomischen Präparate – darunter ein menschlicher Fötus.[185]

Der Besuch zeigt, dass man im Kloster St. Gallen verfolgte, was in anderen Raritätenkabinetten gesammelt wurde. Deshalb erstaunt umso mehr, dass in der Klosterbibliothek nur wenige Bücher zum Sammelwesen vorhanden überliefert sind – mit Ausnahme der umfangreichen, gezielt angekauften Literatur zur Numismatik. Ein wichtiges theoretisches Werk ragt jedoch heraus: Das 1714 in Frankfurt erschienene zweibändige *Museum Museorum* von Michael Bernhard Valentini (1657–1729), das im Jahr 1748 als Schenkung in die Klosterbibliothek gelangte.[186] Auch mehrere Werke des Jesuiten und «Kurators» einer berühmten Kunst- und Wunderkammer in Rom, Athanasius Kircher (1602–1680), wurden angekauft.

Von der sehr bekannten, überwiegend auf ethnografische Objekte und Naturalia spezialisierten Sammlung des Kopenhagener Arztes und Reichsarchivars Ole Worm (1588–1654) hatte man in St. Gallen mit Sicherheit auch gehört, der Bestandskatalog aus dem Jahr 1655[187] gelangte aber erst im Sommer 2018 als Schenkung in die Stiftsbibliothek St. Gallen. Das Frontispiz gibt Einblick in die spektakuläre Ausstellung der Objekte. In scheinbar wilder Mischung hängen getrocknete Fische und ausgestopfte Tiere, darunter ein ganzer Eisbär, von der Decke. Die Wandregale sind über und über mit kleinen, beschrifteten Kisten bestückt, die Mineralien, Muscheln, Werkzeuge enthalten. Einen besonderen Platz nimmt eine Art früher Roboter beziehungsweise menschengestaltiger Automat ein.[188] Es ist allerdings unwahrscheinlich, dass der Blick in den Sammlungsraum eine historische Präsentationsform abbildet. Es handelt sich wohl um eine idealisierte Darstellung, bei der die wichtigsten Objekte der Sammlung hervorgehoben werden sollten. Vor der Mitte des 19. Jahrhunderts können Bilder von Sammlungen generell nicht als Quellen für historische Ausstellungsanordnungen angesehen werden.[189] (Ulrike Ganz)

Frontispiz zu
Ole Worm, Museum Museorum Wormianum. Seu Historia Rerum Rariorum, Tam Naturalium, quam Artificialium, tam Domesticarum, quam Exoticarum […]
G. Wingendorp (Künstler der Vorlage); Isaac Elzevier (Stecher)
1655
Kupferstich/Papier
St. Gallen, Stiftsbibliothek
X 105

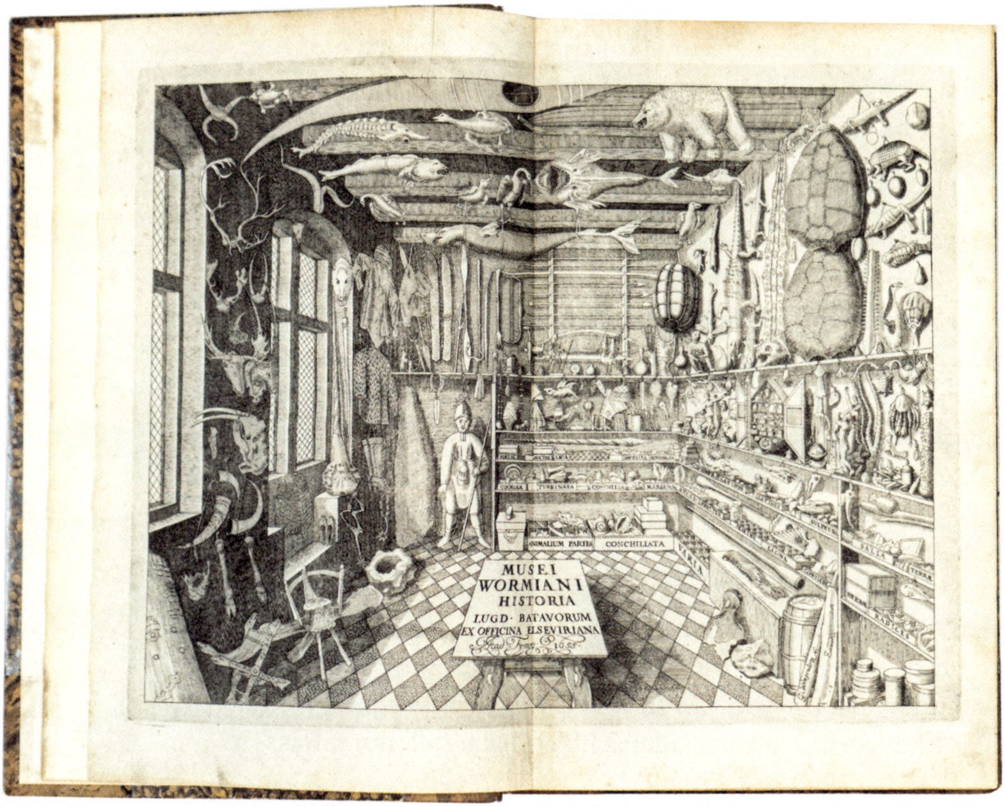

MUSEI
WORMIANI
HISTORIA
LUGD· BATAVORUM
EX OFFICINA ELSEVIRIANA

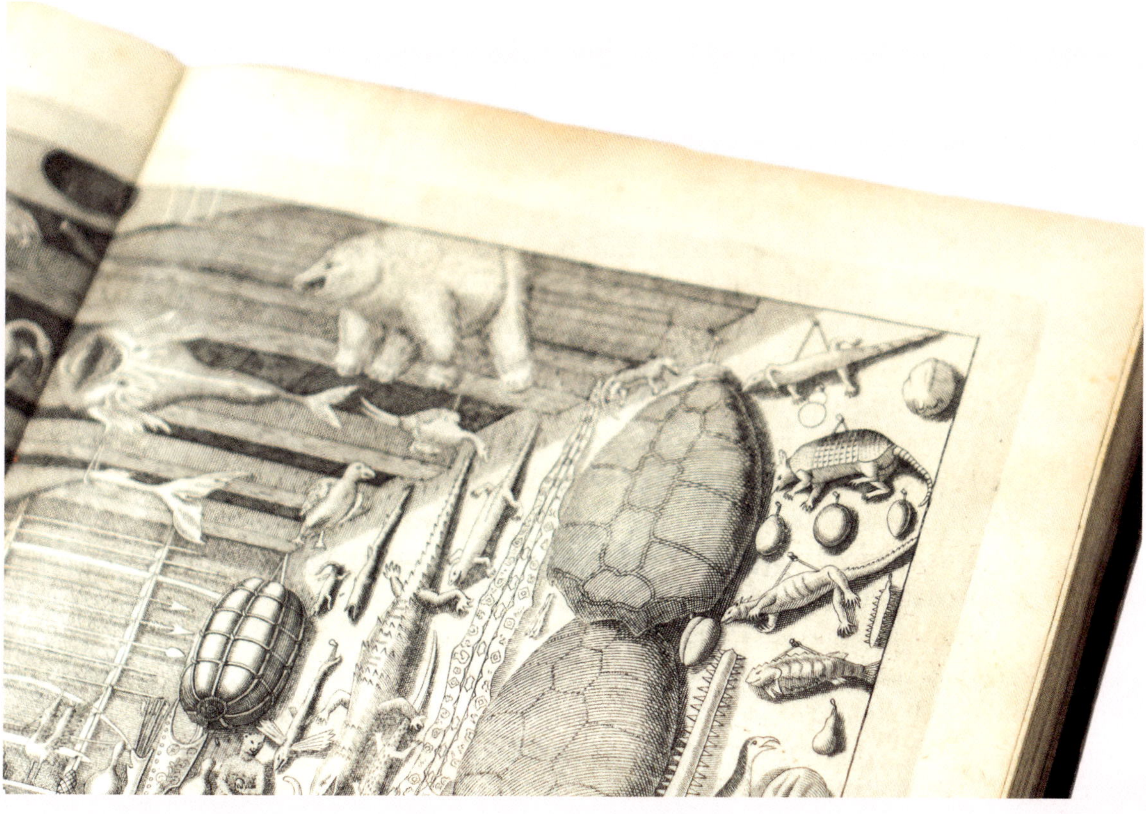

Muschel und Sägefischblatt
St.Gallen, Stiftsbibliothek
ohne Inv. Nr.

Sowohl die Muschel als auch das Sägefischblatt wurden zu einem unbestimmten Zeitpunkt manipuliert – der Sägefischzahn als Schwert.

Sie fehlten in kaum einem Naturalienkabinett der Frühen Neuzeit: das auffällige Sägefischblatt und die Muschel. Beide Objekttypen sind auch in St.Gallen überliefert. Sie waren vermutlich Teil der klösterlichen Sammlung, die am 5. Juli 1836 von der Stiftsbibliothek der Schule überreicht wurde. Im Übergabeinventar sind gleich vier Sägen aufgeführt und zahlreiche verschiedene Muscheln.[190]

Sägefische waren ursprünglich in allen tropischen Gewässern verbreitet, auch im Mittelmeer lebte dieser zur Familie der Sägerochen gehörende Fisch. Hier ist er allerdings seit spätestens 1979 ausgestorben; auch im Atlantik und Pazifik sind die Bestände zurückgegangen. Der Sägefisch ist heute eine bedrohte Tierart.[191]

Wegen seines auffälligen Rostrums, dem Sägefischblatt, übte der Fisch *Pristis pristis* eine Faszination auf Forscher und Kaufleute aus. Im dritten Band seiner *Historia animalium* zu den Fischen und Wassertieren widmete der Zürcher Gelehrte Conrad Gessner (1516–1565), der «Begründer der modernen beschreibenden Zoologie»[192], dem Sägefisch einen Beschrieb mit Illustration. Das Fleisch des Fischs sei ungeniessbar, ist hier zu lesen. Gessner berichtet weiter davon, dass ihm ein Pisaner ein Sägefischblatt habe zukommen lassen und er auch selbst einen auf einem Markt in Marseille gesehen habe. Ein Händler habe diesen von einer langen Reise mitgebracht.[193] Sägefische wurden also vor allem ihrer Zähne wegen gejagt und diese wiederum auf europäischen Märkten als Sammlungsgegenstände verkauft. Auch heute wird das Fleisch der Sägerochen nicht gehandelt, wenn es auch an einzelnen Orten konsumiert wird.[194]

In Kuriositätenkabinetten präsentierte man die Sägefischzähne bei den Naturalia häufig in Kombination mit Narwalzähnen, Echsen oder Panzern von Tieren. In der Zürcher Wasserkirche, wo sich im 18. Jahrhundert eine Bibliothek befand, in der auch der St.Galler Globus ausgestellt war, hing neben einem Krokodil auch ein Sägefisch an der Decke.[195]

Es ist nicht klar, wann und auf welchem Weg das St.Galler Sägefischblatt, das auf einer Seite mit 18, auf der anderen mit 19 Zacken versehen ist, Teil der Sammlung wurde. Bemerkenswert ist der Eingriff am kieferseitigen Ende des Blatts, das zu einem Knauf geschnitzt wurde. Womöglich wurde das Objekt als Requisit für ein Theaterspiel an der Klosterschule oder am 1809 gegründeten katholischen Knabengymnasium verwendet.[196] Es handelt sich nicht um das einzige Objekt, das manipuliert wurde. Unter den wenigen in der Sammlung erhaltenen Muscheln findet sich ein Exemplar, das ebenfalls zu einem unbekannten Zeitpunkt und Zweck mit einem Schnitzmuster versehen wurde. (RUTH WIEDERKEHR)

AUSBRUCH DES VESUV UND BEIDSEITIGES KRATERPROFIL

Johann Christoph Scherscholt
Tusche/Pergament
1738
St.Gallen, Stiftsbibliothek
Inv. Nr. 306 und 307

Die expansive Neugierde der frühen Neuzeit richtete sich nicht nur horizontal auf Objekte aus fernen Weltregionen, sondern auch vertikal auf Gegenden ober- oder unterhalb der begehbaren Erdoberfläche: Den Himmel, Gipfel, den Meeresgrund und Vulkane.

Schon 1638 hatte der Jesuit und Besitzer einer Wunderkammer, Athanasius Kircher (1602–1680), den Vesuv erklommen und seine Beobachtungen im Standardwerk *Mundus Subterraneus* zusammengefasst. Auch in der Fürstabtei St.Gallen interessierte man sich für Vulkanologie. Kirchers Standardwerk wurde angekauft und in der Raritätenkammer wurden Lavaproben zusammengetragen: In einem der Schränke befand sich eine *Tabatière mit Lava des Vesuvs samt einem Cabinetchen aller auf diesem Berg befindlichen Mineralien, Fossil- und Edelsteinen,* etwa 160 Stück. [197] An der Schranktür hingen ein Bildbericht vom grossen Vesuvausbruch 1737 sowie ein Profil des Kraters mit Massangaben. Eine solche lehrhafte Präsentationsweise, bei der ein Bild vom Naturereignis mit dem dazugehörigen Naturobjekt kombiniert wurde, war in Sammlungen des 18. Jahrhunderts verbreitet.[198]

Die beiden erwähnten Tuschzeichnungen stammen von Johann Christoph Scherscholt,[199] einem in Neapel stationierten Schweizergardisten, der die Eruption 1737 als Augenzeuge erlebte.[200] Seine Vedute *Numero 1* ist von Neapel aus und mit Blick auf den Monte Somma und Vesuv gesehen und zeigt, wie aus der Südwestflanke der Vesuv-Hauptspalte *grosse hohe Flammen (…) mit Praussen und Knallen* schlugen. Am Fuss des Massivs sind Ortschaften zu erkennen, darunter das *Dorff Portische* (Portici) und die Kaserne der Schweizergardisten, die seelenruhig auf- und ab paradieren.

Die anekdotische Vedute gibt sich auch wissenschaftlich:[201] Scherscholt zeichnete Richtungspfeile ein und nummerierte die Lavaströme. Wie auf Globen und Weltkarten, treibt vor der Küste ein Meeresungeheuer sein Unwesen. Links sitzt ein Flussgott.[202]

Die Vedute «Nummer 2» kombiniert ein Kraterprofil mit einer Textlegende und zeigt den Vesuv in zwei Hälften: Die *Sicht von Westen gegen Osten* und die andere, *wo man hinuntergegangen ist.* Eine Inschrift verrät, dass sich der Zeichner 1738 mit J. Anton Sartory, Heinrich Wirtz und Christoph Gasser und einem Hund in die *untere Tieffe hineingewagt, darinnen alle Situation per geometriam ausgemessen* hat. Offensichtlich rutschte die ganze Expeditionsmannschaft auf dem Hosenboden in den Krater und gönnte sich dort ein Glas Wein.

Beide Zeichnungen gelangten wohl über einen Verwandten von J. Anton Sartory nach St.Gallen.[203] (Ulrike Ganz)

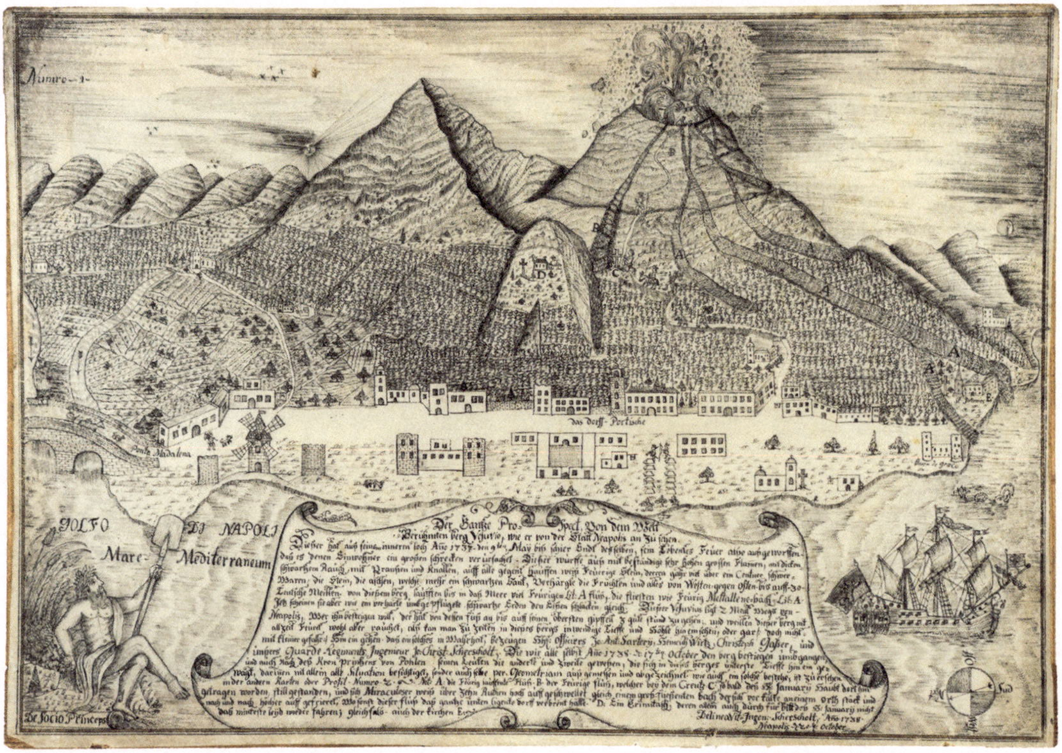
Numro 1
GOLFO DI NAPOLI
Mare Mediterraneum
Der Gantze Prospect Von dem Welt Berühmten berg Vesuvio

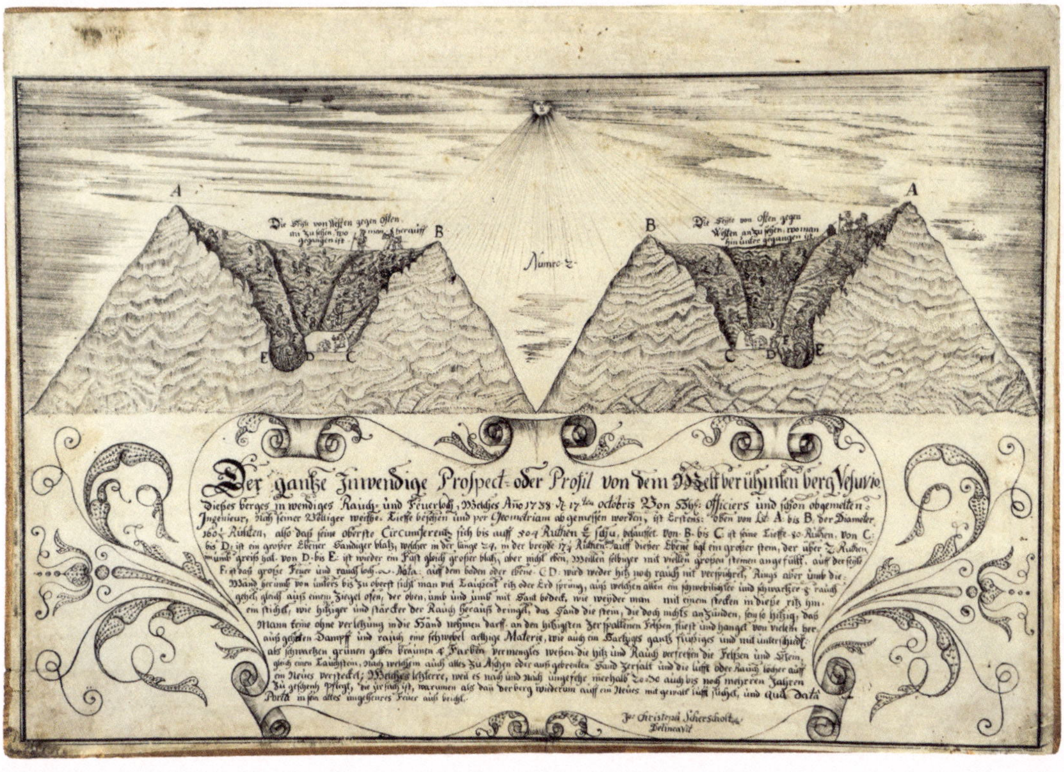
Numro 2
A
B
C
D
E
Der gantze Inwendige Prospect oder Profil von dem Welt berühmten berg Vesuvio

ANMERKUNGEN

1 Zu den Kunst- und Wunderkammern ist mittlerweile eine kaum noch übersehbare Flut an Publikationen entstanden. Eine gute Zusammenfassung der Forschungsgeschichte findet sich jüngst bei: Sarah Wagner, Die Kunst- und Wunderkammer im Museum. Inszenierungsstrategien vom 19. Jahrhundert bis heute, Berlin 2023, S. 17.

2 Siehe die noch immer wichtige Publikation Macrocosmos in Microcosmo. Die Welt in der Stube. Zur Geschichte des Sammelns 1450–1800, hg. von Andreas Grote, Opladen 1994.

3 Klaus Krüge, Curiositas. Welterfahrung und ästhetische Neugierde in Mittelalter und früher Neuzeit, Göttingen 2002.

4 Hans Blumenberg, Die Legitimität der Neuzeit, Frankfurt/Main 1996. Siehe auch besonders: Lorraine Daston und Katherine Parl, Wunder und die Ordnung der Natur 1150–1750, Berlin 2002.

5 Bericht eines anonymen Zürcher Studenten, der im Juli und August 1745 auf einer Schweizreise war, siehe Burgerbibliothek Bern, Mül 18. Hinweis aus Karl Schmuki, Abtei und Klosterbibliothek von St. Gallen im Lichte von Reisebeschreibungen des 18. und frühen 19. Jahrhunderts [Vortrag vor dem Historischen Verein des Kantons St. Gallen, am 22.03.1995. Unpubliziertes Manuskript, S. 9].

6 Paul Staerkle, Pater Beda Plank aus Kremsmünster besucht 1779 Rorschach und St. Gallen, in: Rorschacher Neujahrsblatt 60 (1970), S. 51–61.

7 Siehe Johann Nepomuk Hauntinger, Allgemeines Verzeichnis und kurzer Überblick aller in diesem Katalog enthaltenen Handschriften, Bücher, Natur- und Kunstprodukte, welche seit dem 23. Oktober 1780 bis zum Ende des Maimonats 1792 der stiftsanktgallischen Bibliothek sind einverleibt worden, in: Stiftsbibliothek St. Gallen, Cod. Sang. 1285, S. 243.

8 Frühneuzeitliche Sammlungspraxis und Literatur, hg. von Robert Felfe, Berlin 2006, S. 8 (Einleitung).

9 Zur St. Galler Sammlung siehe grundlegend die Artikel von Karl Schmuki, Stürmische Zeiten und ein Hauch von Wunderkammer, in: Arznei für die Seele. Mit der Stiftsbibliothek durch die Jahrhunderte, hg. von Cornel Dora, St. Gallen 2017, S. 78–100; Ders., «Das Naturalienkabinett entsprach meiner Erwartung bey solch einem berühmten Stifte nicht ganz ...», Das Raritäten- und Kuriositätenkabinett der barocken Klosterbibliothek von St. Gallen, in: Klösterliche Sammelpraxis in der Frühen Neuzeit, hg. von Georg Schrott und Manfred Knedlik, Nordhausen 2010, S. 183–221; Ders., Die Klosterbibliothek St. Gallen als Kuriositätensammlung. In: Ein Tempel der Musen: Die Klosterbibliothek von St. Gallen in der Barockzeit, hg. von Karl Schmuki und Cornel Dora, St. Gallen 1996, S. 40–52.

10 Schmuki, Die Klosterbibliothek (Anm. 9), S. 246.

11 St. Gallen, Stiftsbibliothek Cod. Sang. 1285, S. 246.

12 Zur Episteme der Ähnlichkeit siehe Michel Foucault, Die Ordnung der Dinge, Frankfurt am Main 1996, S. 22.

13 Schmuki, Abtei und Klosterbibliothek (Anm. 5), S. 9.

14 Die Bibliotheksbestände wurden nach Imst verbracht und die Münzsammlung nach Reutte. Siehe Karl Schmuki, Attraktion für Gäste, Eldorado für Forschende, in: Dora, Arznei für die Seele (Anm. 9), S. 110.

15 Stiftsarchiv St. Gallen, Nachlass Pankraz Vorster Nr. 70. Gemälde aus dem Barocksaal wie die Heilige Caecilia nach Stefano Maderno und der Leichnam Christi nach Holbein befanden sich demnach in einer gemeinsamen Ladung, siehe ebd. Teil 6, S. 31. Dazwischen wurden offensichtlich Kleidungsstücke zum Auffüllen verwendet, ebd. S. 32. Ich danke Karl Schmuki für den Hinweis auf das Verzeichnis der Kisten.

16 Er wurde 1940 an die Kirchgemeinde Bernhardzell gegeben. Dank an Karl Schmuki für diesen Hinweis.

17 Jutta Eming, Wunderkammern: Materialität, Narrativik und Institutionalisierung von Wissen, Wiesbaden 2022, S. 11.

18 Philippe Cordez, Schatz, Gedächtnis, Wunder. Die Objekte der Kirchen im Mittelalter, Regensburg 2015, S. 127.

19 Natternzungen sind in der St. Galler Sammlung jedoch nicht belegt. Siehe dazu: Renate Eikelmann, Kunst- und Wunderkammer Burg Trausnitz, München 2004, S. 46.

20 Zwischen dem 16. und 18. Jahrhundert entwickelte sich das medizinische Wissen stark weiter, deshalb greifen pauschale Aussagen über das Verhältnis von «Komplementärmedizin und Wunderkammer» notwendig zu kurz.

21 Siehe zu dieser sog. Signaturenlehre: Ulrike Ganz, Der konstruierte Kosmos universaler Ähnlichkeiten: Giovanni Baptista Della Portas (1535–1615). Wissenschaft einer optischen Zwiesprache mit der Natur, in: Mitteilungen. Institut für Europäische Kulturgeschichte der Universität Augsburg 16 (2006), hg. vom Institut für Europäische Kulturgeschichte der Universität Augsburg, S. 52–75.

22 Peter Erhart, Das Gesundheitswesen im frühneuzeitlichen St. Galler Klosterstaat, in: Zeit für Medizin! Einblicke in die St. Galler Medizingeschichte, 151. Neujahrsblatt, hg. vom Historischen Verein des Kantons St. Gallen, St. Gallen 2011, S. 17–24.

23 Siehe dazu Johannes Huber, Medizin und zerstossene Heilige für unterwegs, in: Vedi Napoli e poi muori – Grand Tour der Mönche, hg. von Peter Erhart und Jakob Kuratli, St. Gallen 2014, S. 264–266; Erwin Poeschel, Die Kunstdenkmäler des Kantons St. Gallen, Bd. III, Die Stadt St. Gallen, 2. Teil, Das Stift, Basel 1961, S. 354.

24 Die Cedulae (Namenszettel) lauten: *SS. Urbani et Constantia*; *De S. Pignosa de gl. Societ. XI* (Pynosa von Essen?); *S. Venerius*

Martyr; 161 ex ossibus S. Urbani Mart[y]r; S. Urbani et S. Constantius S. Chari Mart. S. Generosi Mart.

25 Johannes Huber, Entlang der Fürstenlandstrasse. Die Kulturlandschaft der Abtei St.Gallen, St.Gallen 2008, Bd. 1, S. 266.

26 Peter Erhart, Das Gesundheitswesen (Anm. 22), S. 17–24.

27 Huber, Fürstenlandstrasse (Anm. 25), Bd. 1, S. 266.

28 Elisabeth Huwer, Das Deutsche Apothekenmuseum, Regensburg 2008, zum Typ siehe S. 203.

29 Siehe C. Böhme, Die süddeutschen Breverln, in: Bayerisches Jahrbuch für Volkskunde 1966/67, S. 208–213; Lenz Kriss-Rettenbeck, Bilder und Zeichen des religiösen Volksglaubens, München 1963, S. 46–50; Peter Ochsenbein, Zur Typologie der Breverl. Über ein in St.Gallen 1996 aufgefundenes Exemplar, in: Österreichische Zeitschrift für Volkskunde, Bd. LIV/103 (2001), S. 55–57; Salzburger Freilichtmuseum, Breverl,: https://www.freilichtmuseum.com/de/siebensachen/inventar-und-dessen-geschichte/inventar/breverl.html (17.09.2025); Stephan Bachter, Breverl, Kupferstich mit Heiligendarstellungen, in: Bavarikon: https://www.bavarikon.de/object/bav:HVN-GRA-00000BAV80064467 (17.09.2025).

30 Bachter, Breverl (Anm. 29)

31 Ochsenbein, Typologie (Anm. 29), S. 55.

32 Ebd., S. 55.

33 Die meisten Breverln sind 50 × 70 cm gross, siehe Ochsenbein, Typologie (Anm. 29), S. 55.

34 Margot Rauch, Gesammelte Wunder: Die Naturobjekte in den Kunstkammern und Naturalienkabinetten des 16. und 17. Jahrhunderts, in: Die Entdeckung der Natur. Naturalien in den Kunstkammern des 16. und 17. Jahrhunderts, hg. von Wilfried Seipel, Wien 2007, S. 12.

35 Rauch, Gesammelte Wunder (Anm. 34), S. 12

36 Cordez, Schatz, Gedächtnis (Anm. 18), S. 127.

37 Stiftsarchiv St.Gallen, Rubr. 23, Fasz. 5. Das Inventar ist abgedruckt in Lorenz Hollenstein, Tafelzimmer. Speisesaal des Fürstabts, hg. von Peter Erhart, St.Gallen 2023, S. 130–136.

38 Margot Rauch, Gesammelte Wunder: Die Naturalien in den Kunst- und Wunderkammern und Naturalienkabinetten des 16. und 17. Jahrhunderts, in: Die Entdeckung der Natur. Naturalien in den Kunstkammern des 16. und 17. Jahrhunderts, hg. von Wilfried Seipel, Innsbruck 2006, S. 12.

39 Rauch, Gesammelte Wunder (Anm. 38), S. 12.

40 Sebastian Bock, Ova Struthionis. Die Strausseneiobjekte in den Schatz-, Silber und Kunstkammern Europas, Heidelberg 2005 [mit älterer Literatur].

41 Zitiert nach Virginie Spenlé, Die Kunst- und Wunderkammer in Renaissance und Barock, in: Kunstkammer Georg Laue, https://www.kunstkammer.com/ (17.09.2025).

42 Siehe Universität Basel, der Strausseneipokal, in: Unigeschichte seit 1460, https://unigeschichte.unibas.ch/die-universitaet-jubiliert/1760-zum-lob-der-hohen-schule/der-strausseneipokal (17.09.2025).

43 Staatliche Kunstsammlung Dresden, Strausseneipokal mit knieender Schaftfigur und bekrönender Putte, https://skd-online-collection.skd.museum/Details/Index/117315. (17.09.2025). Zum Beispiel das Gemälde von Piero della Francesca, Pala Montefeltro, 1472–1474, Pinacoteca di Brera. Dazu Bock, Ova Strutionis (Anm. 40), S. 5, mit Literatur.

44 Zum Phänomen des Schaubuffets siehe Alain Gruber, Gebrauchssilber des 16.–19. Jahrhunderts, Würzburg 1982, S. 13–15.

45 Eugen von Philippovich, Kuriositäten, Antiquitäten. Ein Handbuch für Sammler und Liebhaber, Braunschweig 1966, S. 481.

46 Stiftsarchiv St.Gallen, Rubr. 23, Fasz. 5.

47 Grosse Korallensammlungen befanden sich etwa in Florenz, Kopenhagen und München, siehe Weltenharmonie. Die Kunstkammer und die Ordnung des Wissens, hg. vom Herzog Anton Ulrich-Museum Braunschweig, Braunschweig 2000.

48 Kunsthistorisches Museum Wien, Statuette, Skulptur, Koralle, Naturalie, Herkules im Kampf mit der Hydra, Kunstkammer, 1319, https://www.khm.at/en/artworks/statuette-skulptur-koralle-naturalie-herkules-im-kampf-mit-der-hydra-87518-1 (17.09.2025).

49 Herzog Anton Ulrich-Museum, Weltenharmonie, (Anm. 47), S. 46.

50 Philippovich, Kuriositäten (Anm. 45), S. 137.

51 Stiftsarchiv St.Gallen, Rubr. 23, Fasz. 5.

52 Identifikation der Autorin nach Helmut Seling, Die Augsburger Gold- und Silberschmiede 1529–1868. Meister, Marken, Werke, München 2007, S. 340, Nr. 1689 a–f.

53 Stiftsarchiv St.Gallen, Rubr. 23, Fasz. 5.

54 Protokolle des Administrationsrates von 1833 bis 1835, Sitzung vom 6. August 1833 (Traktandum Nr. 42).

55 Poeschel, Kunstdenkmäler (Anm. 23), S. 355.

56 Stiftsarchiv St.Gallen, Rubr. 23, Fasz. 5.

57 Franz Weidmann, Verzeichnis der Sachen von Wert, die sich auf der kathol. Kantonalbibliothek vorfinden, 1836 [unpubliziertes und nicht katalogisiertes Manuskript].

58 Peter Erhart, Fidel von Thurn, in: Historisches Lexikon der Schweiz (HLS online), Version vom 18.12.2013, https://hls-dhs-dss.ch/de/articles/015197/2013-12-18.

59 Das kleine Bild war jahrelang verschollen und wurde von der Autorin dieses Artikels in Scherben aufgefunden. Es wurde bisher noch nirgends beschrieben, taucht aber in einem *Verzeichnis der Dinge von Wert, die sich auf der kathol. Kantonalbibliothek vorfinden* auf, das der damalige Stiftsbibliothekar Franz Weidmann 1836 angelegt hat (unpubliziert, nicht katalogisiert). In der Aufstellung der Schenkungen an das Kloster in der Handschrift Cod. Sang. 1280 ist es dagegen nicht verzeichnet.

60 Lorraine Daston und Katherine Park, Wunder und die Ordnung der Natur, Berlin 2002, S. 147.
61 Dominik Collet, Die Welt in der Stube. Begegnungen mit Aussereuropa in den Kunstkammern der Frühen Neuzeit, Berlin 2007, S.220.
62 Collet, Welt in der Stube (Anm. 61), S. 130.
63 Ebd., S. 220.
64 Schmuki, «Das Naturalienkabinett entsprach meiner Erwartung bey solch einem berühmten Stifte nicht ganz ...» (Anm. 9), S. 193.
65 Stiftsbibliothek St. Gallen, Cod. Sang. 1280, S. 127–170.
66 Ebd., S. 137.
67 Claudia Rütsche, Die Kunstsammlung in der Zürcher Wasserkirche. Öffentliche Sammeltätigkeit einer gelehrten Bürgerschaft im 17. und 18. Jahrhundert aus museumsgeschichtlicher Sicht, Bern 1997, S. 100.
68 Thomas Brachert, Mumie, in: Lexikon der historischen Maltechniken. Quellen, Handwerk, Technologie, Alchemie, hg. von Dems., München 2001, S. 168.
69 Stiftsbibliothek St. Gallen, Cod. Sang. 1278.
70 Der Begriff «Chinoiserie» bezog sich beispielsweise auf europäische Kunst, die asiatisch inspiriert war. Müller selbst verwendet in seiner Inventarliste die Begriffe «indianisch» und «chinesisch» für Objekte aus Indonesien. Elke Bujok hat gezeigt, wie flexibel geografische Herkunftsangaben in Kunstkammerinventaren aufgefasst wurden: Elke Bujok, Kunstkammerinventare und die Rezeption des Fremden um 1670, in: Die Zeit um 1600. Eine Wende in der europäischen Kultur?, hg. von Joseph S. Freedman, Wiesbaden 2016, S. 83.
71 Stiftsbibliothek St. Gallen, Cod. Sang. 1311.
72 Zu den bei Müller abgebildeten Kostümen siehe: Chonja Lee, Swiss Chintzes: Cotton Threads and Political Patterns, in: Exotic Switzerland, Looking Outward in the Age of Enlightenment, hg. von Noémie Étienne u.a., Zürich 2020, S. 243–256.
73 Zu Müller siehe zuletzt Ruth Wiederkehr, Die Welt im Kloster, in: Nur Du! Einmaliges in der Stiftsbibliothek St. Gallen, hg. von Cornel Dora, Basel 2023, und Schmuki, «Das Naturalienkabinett entsprach meiner Erwartung bey solch einem berühmten Stifte nicht ganz ...» (Anm. 9).
74 Collet, Welt in der Stube (Anm. 61), S. 335.
75 Den Begriff «fremdvertraut» verwendet Christian Kiening, Das wilde Subjekt. Kleine Poetik der Neuen Welt, Göttingen 2006, S. 112.
76 Stiftsbibliothek St. Gallen, Cod. Sang. 1311, S. 236.
77 Stiftsbibliothek St. Gallen, Cod. Sang. 1278.
78 Stiftsbibliothek St. Gallen, Cod. Sang. 1289.
79 Duden online, Affion, https://www.duden.de/rechtschreibung/Affion (17.09.2025).
80 Wikipedia, Opium, https://de.wikipedia.org/wiki/Opium (17.09.2025).
81 Stiftsbibliothek St. Gallen, Cod. Sang. 1278.
82 Wikipedia, Opium (Anm. 80).
83 Zu Müller zuletzt Wiederkehr, Die Welt im Kloster (Anm. 73).
84 Ebd.
85 Franz Weidmann, Verzeichnis der Dinge von Werth, die sich in der Bibliothek befinden, 1836 [unpubliziertes und nicht katalogisiertes Manuskript in der Stiftsbibliothek].
86 Siehe Schmuki, «Das Naturalienkabinett entsprach meiner Erwartung bey solch einem berühmten Stifte nicht ganz ...» (Anm. 9), S. 201.
87 «Ein Schwerdt mit einem silbernen Gefäss» in: Inventar des Silbergeschirrs im Gewölbe und in der Tafelstube (StiASG, Rubr. 23, Fasz. 5).
88 Ebd.
89 Schmuki, Stürmische Zeiten (Anm. 9), S. 78–100.
90 Stiftsbibliothek St. Gallen, Inv. Nr. 682.
91 Siehe zum Beispiel Klaus Fittschen, Homerdarstellungen in der Antike, Mainz 1983, S. 23–29.
92 Stiftsbibliothek St. Gallen, Inv. Nr. 683 und Inv. Nr. 687.
93 Diese Ansicht vertrat auch Bernhard Anderes aus Flawil gemäss einem auf der Rückseite des Köpfchens befindlichen Klebezettel vom 4.4.1962.
94 Dies ist ein Hinweis, dass es sich um eine Kopie nach einem griechischen Original handelt, da römische Porträtbüsten in der Regel gebohrte Augen haben.
95 Büste des Homer, um 150 n. Chr., Paris, Musée du Louvre, Inv. Nr. N 323.
96 «Achtens fünf alte Lämpchen von gebrannter Erde», siehe Franz Weidmann, Verzeichnis der Sachen von Wert, die sich auf der kathol. Kantonalbibliothek vorfinden. Aufgenommen von Herrn Bibliothekar Weidmann [undatiert und nicht katalogisch erfasst, um 1836].
97 Siehe die Literaturangaben in der Einleitung zu diesem Katalogteil, S. 6–11.
98 Siehe Wikipedia, Pommerscher Kunstschrank, https://de.wikipedia.org/wiki/Pommerscher_Kunstschrank (11.09.2025).
99 Eine besonders feine Gebetsnuss aus Buchsbaumholz befindet sich im Museum der Abegg-Stiftung in Riggisberg im Kanton Berg.
100 Zürich, Zentralbibliothek Ms B 191e, unpaginiert: Johann Rudolf Maurer, 5. kleine Reise im Schweizerland, an und auf dem Constanzer See und Rhein.
101 Hans Martin von Erffa, Contrefait, in: Reallexikon zur Deutschen Kunstgeschichte (RDK) III, hg. von Otto Schmitt, München 1953, S. 859–862. Siehe auch: Dorothea Diemer, Gedrechselte Elfenbeine, in: Die Münchner Kunstkammer. Bearbeitet von Dorothea Diemer, 3 Bde., München 2008, Bd. 3, S. 269–272.
102 Renate Eikelmann, Kunst- und Wunderkammer Burg Trausnitz (Bayerisches Nationalmuseum). Rundgang durch die Wunderkammer, München 2004, S. 89.
103 Schloss Ambras, Innsbruck, PA 824, Inventar von 1596, fol. 444v, https://www.schlossambras-innsbruck.at/object/391202?cHash=ee64a39e88e1ff318d869f03414085a8 (11.09.2025).

104 Belegt ist dies für Kaiser Rudolf II., Ferdinand III., Leopold I., Joseph II. und viele weitere Herrscher. Siehe dazu: Charlotte Steinbrucker, Drechsler, in: Reallexikon zur Deutschen Kunstgeschichte (RDK) IV, München 1955, S. 382–394.

105 Geschnitztes Steinbockhorn – XIV. Sonderschau im Dommuseum zu Salzburg, hg. von Johannes Neuhard, Salzburg 1990; Eugen von Philippovich, Steinbockhornarbeiten der Barockzeit aus Salzburg, in: Alte und Moderne Kunst Nr. 192/193 (1984), S. 18–22; Nora von Watteck, Geschnitztes Steinbockhorn – ein vergessener Zweck des Salzburger Kunsthandwerks, in: Alte und Neue Kunst, Nr. 58/59 (1962), S. 27–31.

106 Grosses und vollständiges Universallexikon aller Wissenschaften und Künste, welche bishero durch menschlichen Verstand und Witz erfunden und verbessert worden, hg. von Johann Heinrich Zedler, Leipzig 1744, Bd. 24, S. 99.

107 Eugen von Philippovich, Kuriositäten (Anm. 45), S. 474.

108 Geschnitztes Steinbockshorn, hg. Neuhard (Anm. 105), S. 39.

109 Siehe Domquartier Salzburg, Raritäten zur Seuchenabwehr, https://www.domquartier.at/hintergrundgeschichte/contra-pestem-raritaeten-zur-seuchenabwehr-in-der-kunst-und-wunderkammer/ (11.09.2025).

110 Siehe dazu Schmuki, Stürmische Zeiten (Anm. 9), S. 96.

111 Tirol gehörte damals zum Bistum Salzburg, siehe Philippovich, Kuriositäten (Anm. 45), S. 474.

112 München, Bayerisches Nationalmuseum, Inv. Nr. 3520, Abbildung: https://www.bayerisches-nationalmuseum.de/sammlung/00033803 (11.09.2025).

113 Innsbruck, Schloss Ambras, Inv. Nr. PA 809, Abbildung: https://www.schlossambras-innsbruck.at/object/391160?cHash=7eff24a87eaf3a1a3d12aa65ddcfb9e4 (11.09.2025).

114 Siehe zum Beispiel die Greifenklaue in Berlin, Staatliche Museen, Kunstgewerbemuseum, Inv. Nr. K 4178, die aus der Kunstkammer der Hohenzollern stammt: https://smb.museum-digital.de/object/232442 (22.07.2025).

115 Siehe dazu besonders Cordez, Schatz, Gedächtnis, Wunder (Anm. 18), S. 182–192.

116 Siehe: https://www.kulturstiftung.de/produkt/die-greifenklaue-der-domherren-zu-speyer/ (03.09.2025) und Die Entdeckung der Natur. Naturalien in den Kunstkammern des 16. und 17. Jahrhunderts, hg. von Wilfried Seipel, Innsbruck 2006, S. 111. Cordez, Schatz, Gedächtnis, Wunder (Anm. 18), S. 184 erwähnt Erzählungen über Greifenklauen, die in Kirchen ausgestellt waren: Die Vita des heiligen Himerius erzählt, dass der Heilige einst auf einer Insel landete, auf der Heiden lebten. Er konnte diese bekehren, indem er einen gefährlichen Greifen verjagte und ein Stück seiner Kralle als Tribut einforderte.

117 Siehe zum Beispiel ein Trinkhorn aus der ersten Hälfte des 15. Jahrhunderts im Kunsthistorischen Museum Wien, Kunstkammer (Inv. Nr. 108).

118 Poeschel, Kunstdenkmäler (Anm.23), S. 258.

119 Mündlicher Hinweis von Adeline Schwabauer (Universität Frankfurt/Main), die eine Dissertation zu Greifenklauen fertiggestellt hat, die demnächst erscheinen wird.

120 Nach Ansicht der Restauratorin Aleth Lorne könnte es sich auch um Lindenholz handeln, das aufgrund eines ockerfarbenen Überzugs das teurere Buchsbaumholz imitiert (unpubliziertes Dokument der Stiftsbibliothek St. Gallen vom 24.4.2024).

121 Die letzte Ziffer ist kaum noch lesbar, da die Platte hier beschnitten ist. Siehe ferner Christoph Daniel Schenck 1633–1691, hg. vom Rosgartenmuseum Konstanz, Konstanz 1996, Nr. 14, S. 131; Ellen-Lore Noack-Heuck, Zum Werk des Konstanzer Bildschnitzers Christoph Daniel Schenck und seiner Werkstatt, in: Das Münster 1970, S. 28–40; Poeschel, Kunstdenkmäler (Anm. 23), S. 348.

122 Erstmals dort beschrieben ist das Relief erst im Jahr 1838 in einem Verzeichnis der Dinge von Wert, die sich in der Kantonsbibliothek befinden» als «ein guter Hirt von Holz, von Bildhauer Schenk von Konstanz». Siehe Bibliotheksarchiv der der Stiftsbibliothek St. Gallen [unpubliziert].

123 Ein umseitig angebrachtes Marmorpapier aus dem 18. Jahrhundert mit Inschrift belegt, dass das Relief wohl zu dieser Zeit ausgerahmt wurde, und zwei kleine Bohrlöcher für eine Aufhängung und eine neue Bestimmung als Sammlerstück erhielt. Zeitlich passt diese «Umwidmung» zur Einrichtung der St. Galler Kuriositätenkammer.

124 Siehe Lorraine Daston, Wunder und die Ordnung der Natur 1150–1750, Berlin 2002; Barbara Marx, Sehen und Staunen. Die Dresdener Kunstkammer von 1640, Dresden 2014.

125 Philippovich, Kuriositäten (Anm. 45), S. 59.

126 Philippovich, ebd., S. 56–75 nennt viele Beispiele.

127 Zu den Schriftbildern von Püchler allgemein: Friedrich Polleross, Schrift-Bilder. Zum Werk des Mikrographen Johann Michael Püchler d. J. (1679–1709), in: Beständig im Wandel: Innovationen, Verwandlungen, Konkretisierungen; Festschrift für Karl Möseneder zum 60. Geburtstag, hg. von Christian Hecht, Berlin 2009, S. 261–281; Winfried Assfalg, Wenn Schrift zur Kunst wird: Der Mikrograph Johann Michael Püchler, in: Heimatkundliche Blätter für den Kreis Biberach, Biberach 2011, S. 10–14.

128 Guido Reni, Ecce homo, 1639, Paris, Musée du Louvre, Inv. Nr. 528.

129 Polleross, Schrift-Bilder (Anm. 127), S. 16.

130 St. Gallen, Stiftsbibliothek, Inv. Nr. 105.

131 Schmuki, «Das Naturalienkabinett entsprach meiner Erwartung bey solch einem berühmten Stifte nicht ganz ...» (Anm. 9), S. 195.
132 Philippovich, Kuriositäten (Anm. 45), S. 330.
133 Ebd., S. 331.
134 Stiftsbibliothekar Franz Weidmann legte 1836 ein *Verzeichnis aller Sachen von Wert, die sich auf der kath. Kantonalbibliothek vorfinden* an. Das unpublizierte Dokument ist nicht katalogisiert.
135 Philippovich, Kuriositäten (Anm. 45), S. 526–528; Lenz Kriss-Rettenbeck, Bilder und Zeichen religiösen Volksglaubens, München 1971; P. Lukas Schenker und Pia Zeugin, Vom Andachtsbild zum Scherenschnitt. Sommerausstellung im Kloster und im Kurhaus Kreuz Mariastein, in: Mariastein Bd. 93, Heft 3, hg. von den Benediktinern von Mariastein, Mariastein 2016, S. 9–12.
136 Die Herkunft des Konvoluts an Spitzenbildchen im Besitz der Stiftsbibliothek St.Gallen ist unbekannt. Sie wurden Mitte des 20. Jahrhunderts von unbekannter Hand auf rote Pappe montiert.
137 Umseitig beschriftet: *F. Antonius Abbas Lucellensis et Mulbrunnensis Vicarius Generalis 24. Juni 1707*. Das Bildchen befand sich demnach 1707 in Kloster Maulbronn.
138 Text: Ich glaube an die Unantastbarkeit und an die Würde jedes einzelnen Menschen. Ich glaube, dass allen Menschen von Gott das gleiche Recht auf Freiheit gegeben wurde. Ich schwöre, der Aggression und der Tyrannei Widerstand zu leisten, wo immer sie auf Erden auftreten werden.
139 Wikipedia, Das Kleinste Buch der Welt, https://de.wikipedia.org/wiki/Das_Kleinste_Buch_der_Welt (16.09.2025).
140 Das kleinste Buch der Welt kommt aus Japan, in: Rheinische Post, 13.3.2013, https://rp-online.de/kultur/buch/das-kleinste-buch-der-welt-kommt-aus-japan_aid-15949679 (11.09.25).
141 Vgl. Gutenberg-Shop, Das Kleinste Buch der Welt, https://www.gutenberg-shop.de/detail/a28c8c04b6b449c99ca1fe076ec99d3c (16.09.25).
142 In Deutschland beispielsweise Miniboox, www.miniboox.de (16.09.25).
143 Jost Schmid-Lanter, Der Notker-Globus von um 1015, in: Sterne. Das Firmament in St.Galler Handschriften, hg. von Cornel Dora, St.Gallen 2023, S. 84–89.
144 Zählen, Messen, Rechnen, 1000 Jahre Mathematik in Handschriften und frühen Drucken. Ausstellung der Staatsbibliothek Bamberg zum Jahr der Mathematik 2008, hg. von Werner Taegert, Petersberg 2008, S. 12–29, S. 135–151.
145 Stiftsarchiv St.Gallen, Bd. 891, S. 93.
146 Stiftsarchiv St.Gallen, Bd. 893a (Rechnungsbuch).
147 Johann Nepomuk Hauntinger, Reise durch Schwaben und Bayern im Jahre 1784, neu herausgegeben und eingeleitet von Gebhard Spahr O. S. B., Weissenhorn 1964, S. 11 (Zweck der Reise), S. 17–18. (Normalschule), S. 19–20. (Bedeutung der Sammlungen im Bericht). Vgl. Hanspeter Marti, Klosterkultur und Aufklärung in der Fürstabtei St.Gallen, St.Gallen 2003, S. 134–136 und S. 212–218.
148 Unter den Übergaben an die Schule 1836 befanden sich nur Naturalia, vgl. Cod. Sang. 1724.
149 Bartel Leendert van der Waerden, Astrolabium, in: Lexikon des Mittelalters 1, München 1980, Sp. 1135.
150 Martin Brunold, Das Astrolabium, in: Cartographica Helvetica 23 (2001), S. 19–25, hier 19.
151 David Juste, Hermann der Lahme und das Astrolab im Spiegel der neuesten Forschung, in: Hermann der Lahme. Reichenauer Mönch und Universalgelehrter des 11. Jahrhunderts, hg. von Felix Heinzer und Thomas Zotz, unter Mitarbeit von Hans-Peter Schmidt, Stuttgart 2016, S. 273–284, insbes. S. 273–275, zur Überlieferung vgl. Anhang S. 282–284.
152 Brunold, Astrolabium (Anm. 150), S. 20–21.
153 Stiftsarchiv St.Gallen, Bd. 893a (Rechnungsbuch), S. 126, Bd. 898f (Handbüchlein), 22. Mai, Bd. 284 (Tagebuch) Eintrag 22., 23., 24. Mai.
154 Christoph Kaspar Höschel, Catalog verschiedener mathematisch-physikalisch- und astronomischer Instrumente, welche in dem ehemaligen Branderschen Laboratorio verfertiget werden, [Augsburg ca. 1820, identischer Text auch in einer gleichnamigen Ausgabe ca. 1791], S. 13.
155 Eine grosse Sammlung hat das Deutsche Museum, über 150 Instrumente werden präsentiert in: G. F. Brander 1713–1783. Wissenschaftliche Instrumente aus seiner Werkstatt, hg. vom Deutschen Museum München, München 1983.
156 Brander, hg. Deutsches Museum München (Anm. 155), S. 193–194.
157 Beide Zitate: Höschel, Catalog S. 12–13. (Nr. 103) (Anm. 154).
158 Brander, hg. Deutsches Museum München (Anm. 155), S. 31.
159 Ebd., S. 25, führt St.Gallen nicht auf.
160 Jost Schmid, Der St.Galler Globus, St.Gallen 2019, S. 121
161 Ebd.
162 Vereinbarung zur Beilegung des Kulturgüterstreites von 27. April 2006, Abschnitt III, Lit. 3, zweiter Absatz.
163 Jahresbericht der Stiftsbibliothek 2010, S. 10.
164 Der Zürcher Globus. Projekt Globus-Replik 2007–2009, Dokumentation, hg. von Martina Rohrbach und Beat Gnädinger, Zürich 2009, https://www.yumpu.com/de/document/read/26577543/zurcher-globus-projektdokumentation-staatsarchiv-kanton-zurich (17.09.2025).
165 Jost Schmid-Lanter, Der Notker-Globus von um 1015, in: Dora, Sterne (Anm. 143), S. 84–89.
166 Jeffrey Jaynes, Christianity beyond Christendom. The global Christian experience on medieval *Mappae mundi* and early modern world maps, Wiesbaden 2018, S. 99–158.

167 Siehe dazu Katharina Flügel, Einführung in die Museologie, Darmstadt 2005, S. 42–43.

168 Thomas Richter, Kunstkammerobjekte, Fragmente einer Museumsgeschichte, in: Wunderkammer. Kunst, Natur und Wissenschaft in Renaissance und Barock, hg. von dems., Bern 2005, S. 11.

169 Iwan Stössel-Sittig, Das Einhorn im Cyberspace. Zur Geschichte des naturwissenschaftlichen Exponats, in: Im Land der Dinge. Museologische Erkundungen, hg. von Roger Fayet, Schaffhausen 2005, S. 46.

170 Anonymer Reisebericht, Bern, Burgerbibliothek, Mü 18, S. 16. Hinweis aus Schmuki, Abtei und Klosterbibliothek (Anm. 5).

171 Die Objekte stammten aus der Sammlung eines Söldners der Niederländischen Ostindien-Kompanie (VOC) mit Namen Georg Franz Müller (1646–1723). Gegen Kost und Logis hatte Müller diese Gegenstände dem Kloster St.Gallen vermacht. Zunächst befanden sie sich im Schloss Rorschach. Hier sah sie 1714 der Zürcher Gelehrte und Antiquitätensammler Hans Wilpert Zoller: *im Schloss Rorschach, allwo sich aufhaltet Georg Franz Müller. Dieser Mann war 13 Jahre in Ostindien. Ein erfarener, aber seltsamer Mann, welcher ganz schöne Muscheln und Schneggen, Animalibus und Vegetabilibus* [mitgebracht hat]. Werner Vogler, Unbekannte Darstellungen aus dem Rorschach des frühen 18. Jahrhunderts, in: Rorschacher Neujahrsblatt 75 (1985), S. 36. Der Text von Hans Wilpert Zoller befindet sich in einem Manuskriptband in der Zentralbibliothek Zürich, Handschriftensammlung, Ms. J 425.

172 Stiftsbibliothek St.Gallen, Cod. Sang. 1278.

173 Schmuki, «Das Naturalienkabinett entsprach meiner Erwartung bey solch einem berühmten Stifte nicht ganz ...» (Anm. 9), S. 205.

174 Ebd., S. 204.

175 Staerkle, Pater Beda Plank (Anm. 6), S. 54.

176 Stiftsbibliothek St.Gallen, Cod. Sang. 1285, S. 241; Schmuki, «Das Naturalienkabinett entsprach meiner Erwartung bey solch einem berühmten Stifte nicht ganz ...» (Anm. 9), S. 210.

177 Peter Erhart, Die Orangerie im fürstlichen Hofgarten, St.Gallen 2023, S. 66–67.

178 Ebd.

179 Anonymer Reisebericht, Bern, Burgerbibliothek, Signatur Mü 18, S. 16. Hinweis aus Schmuki, Abtei und Klosterbibliothek (Anm. 5).

180 Schmuki, «Das Naturalienkabinett entsprach meiner Erwartung bey solch einem berühmten Stifte nicht ganz ...» (Anm. 9), S. 206.

181 Stiftsbibliothek St.Gallen, Cod. Sang. 1285, S. 241 und Cod. Sang. 1280, S. 151–153.

182 Stiftsbibliothek St.Gallen, Cod. Sang. 1285, S. 239.

183 Ebd., S. 241.

184 Verzeichnis der Naturalien und Naturseltenheiten der Stiftsbibliothek, die 1836 der Gymnasialanstalt ausgehändigt werden (Übergabe am 5. Juli 1836, unterzeichnet von Rektor Federer), in: Cod. Sang. 1724, Nr. 84 und 85 [unpaginiert].

185 Peter Erhart und Luigi Collarile, Itinera Italica. Römische Tagebücher aus dem Kloster St.Gallen. Diari romani dal monastero di San Gallo, St.Gallen 2015, S. 99.

186 Schmuki, «Das Naturalienkabinett entsprach meiner Erwartung bey solch einem berühmten Stifte nicht ganz ...» (Anm. 9), S. 204.

187 Ole Worm, Museum Wormianum. Seu Historia Rerum Rariorum, Tam Naturalium, quam Artificialium, tam Domesticarum, quam Exoticarum [...], Leiden 1655.

188 Siehe zum Museum Wormianum: University of Reading, Special Collections, A Cabinet of Curiosities, https://collections.reading.ac.uk/special-collections/2020/05/12/a-cabinet-of-curiosities-ole-worms-museum-wormianum-1655/ (11.09.2025).

189 Marie Himmerich, Johann Holten, Ausstellen des Ausstellens: Von der Wunderkammer zur kuratorischen Situation, Baden-Baden 2018, S. 3.

190 Stiftsbibliothek St.Gallen, Cod. Sang. 1724, Nr. 85. In der Liste von 1780 in Cod. Sang. 1285, S. 241, sind Muscheln unter den Mineralia aufgeführt, in der Liste von 1680 in Cod. Sang. 1280 allerdings findet sich weder der Sägefischzahn noch eine Muschel dieses hier gezeigten Typs. Masse der ausgestellten zwei Objekte: Sägefischblatt 81 × 16 × 3.5 cm, beschnitzte Muschel 20 × 8.5 × 7.5 cm.

191 Mario Espinoza u.a., Pristis pristis, The IUCN Red List of Threatened Species, 2022, https://dx.doi.org/10.2305/IUCN.UK.2022-2.RLTS.T18584848A58336780.en (23.07.2025) (mit weiterführender Literatur).

192 Urs B. Leu, Konrad Gessner, in: Historisches Lexikon der Schweiz (HLS online), Version vom 01.07.2024, https://hls-dhs-dss.ch/de/articles/014376/2024-07-01/ (23.07.2025).

193 Conrad Gessner, Conradi Gesneri medici Tigurini Historiae animalium liber IIII. qui est de piscium & aquatilium animantium natura, Zürich 1558, S. 858–859.

194 Espinoza u.a., Pristis pristis (Anm. 191).

195 Vgl. Wagner, Die Kunst- und Wunderkammer im Museum (Anm. 1), S. 73, 155, 161, 216–218, 227, 236–237. Druckgrafik Wasserkirche: Heinrich Appenzeller, Der Kupferstecher Franz Hegi von Zürich, 1774–1850, Zürich 1906, Nr. 1157.

196 Zum Theaterspiel an der Klosterschule (mit weiterführenden Hinweisen): Franziska Schnoor, Barocke Festkultur, in: Barockes Universum. Religion und Geist in der Fürstabtei St.Gallen, hg. von Cornel Dora, St.Gallen 2017, S. 48–49. Die Theaterkultur der St.Galler Schule im 19./20. Jahrhundert ist nicht aufgearbeitet. Die Theaterpraxis dürfte aber lebendig gewesen sein, vergleichbar mit der gut erforschten Theaterpraxis in den von Benediktinern geführten Schulen in Einsiedeln, vgl. Ein himmlisch Werk. Musikalische Schätze aus dem Kloster Einsiedeln, hg. vom Kloster

Einsiedeln und dem Museum Fram, Einsiedeln 2019, 63–73, und Sarnen, vgl. Martin Steiner und Thomas Peter, Kollegi Sarnen – die Geschichte, Sarnen 2011, S. 189–194.

197 Zitat des Klosterbibliothekars Johann Nepomuk Hauntinger im Akzessionskatalog der Klosterbibliothek (1782–1790). Hauntinger zufolge handelte es sich dabei um ein Geschenk des Apostolischen Nuntius in der Schweiz, Giuseppe Vinci. Siehe St. Gallen, Stiftsbibliothek, Cod. Sang. 1285, S. 236–237.

198 Siehe zum Beispiel im Museum Fridericianum in Kassel.

199 Siehe dazu: Peter Erhart, Besteigung des Vesuv 1738 und Vermessung des Vesuv 1738, in: Vedi Napoli e poi muori (Anm. 23), S. 281; Peter Erhart, Zwei unbekannte Ansichten des Vesuv aus dem Jahr 1738 in der Stiftsbibliothek in St. Gallen, in: St. Gallen und Italien. San Gallo e l'Italia, hg. von Gian Carlo Alessio und Ernst Tremp, St. Gallen 2008, S. 125–143; ferner: Karl Schmuki, Die Klosterbibliothek (Anm 9), S. 48.

200 Am rechten unteren Bildrand beglaubigte Scherscholt die Echtheit seines Bildberichtes.

201 Sicherlich kannte Scherscholt auch die im gleichen Jahr publizierte Darstellung von Francesco Serrao, Istoria del incendio dell Vesuvio accaduto nel mese Maggio dell' anno 1737, Neapel 1738. Dazu Erhart, Ansichten, S. 128.

202 Augenscheinlich hat Scherscholt die Darstellung des Flussgottes von einer neapolitanischen Münze übernommen, wo sich auch die Devise De Socio Princeps findet. Siehe Erhart, Ansichten, S. 134.

203 Erhart, Ansichten (Anm. 199), S. 141.

Register der Objekte und Handschriften

Abbildungsnachweise

Elena Kaeser: 11, 17, 21, 23, 25, 27, 29, 33, 35, 37, 39, 41, 45, 47, 51, 53, 55, 57, 59, 61, 63, 65, 69. 71, 82, 83, 85, 87, 89
Christa Schaffert: 15, 73, 76, 78
Stiftsbibliothek St. Gallen: Umschlag, 75, 77, 79